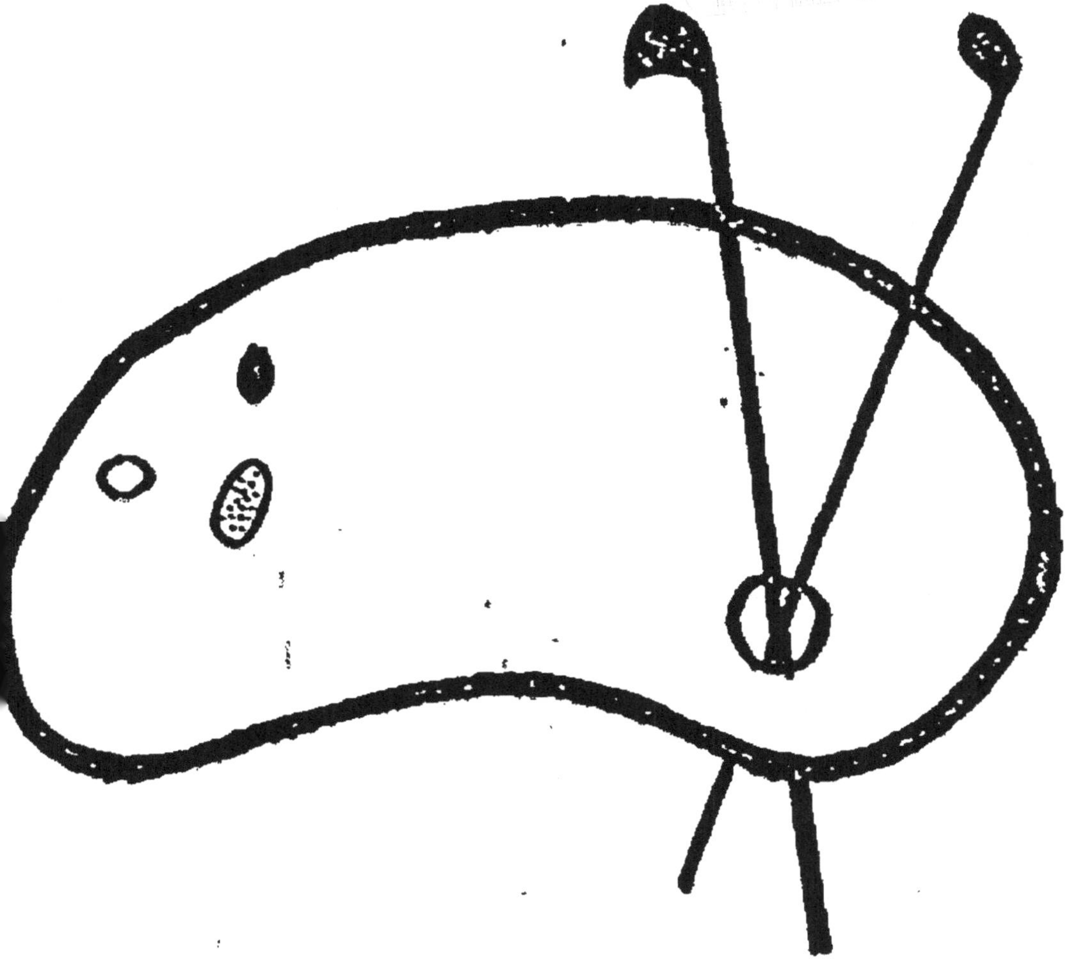

COUVERTURE SUPERIEURE ET INFERIEURE
EN COULEUR

HISTOIRE
DE LA
RÉVOLUTION
EN AUVERGNE

PAR

M. JEAN-BAPTISTE SERRES

TOME IX

LA TERREUR

MAURIAC

KOSMANN, LIBRAIRE.

1897

DU MÊME AUTEUR

Vie du Père Murat. . . . . 1 fr.
Histoire de Notre-Dame des Miracles de Mauriac. . . . . 1 fr. 25
Vie de Mgr Lavialle, évêque de Louisville. . . . . 1 fr. 25
Mgr Chabrat évêque en Amérique. 0 fr. 75
Mgr Baldus, vicaire apostolique du Kiang-Si. . . . . 1 fr. 25
Mgr d'Auzers, évêque de Nevers. . 2 fr. 50
Histoire du monastère de Notre-Dame de Saint-Flour . . . . 0 fr. 75
Histoire du monastère de Notre-Dame d'Aurillac. . . . . 0 fr. 75
Catinon menette. . . . . 1 fr. 50

En vente chez M. KOSMANN, libraire à Mauriac (Cantal).

HISTOIRE DE LA RÉVOLUTION
EN AUVERGNE

HISTOIRE

DE LA

RÉVOLUTION

EN AUVERGNE

PAR

M. JEAN-BAPTISTE SERRES

TOME IX

LA TERREUR

MAURIAC
KOSMANN, LIBRAIRE.

1897

HISTOIRE DE LA RÉVOLUTION EN AUVERGNE

CHAPITRE Ier.

LES TERRORISTES DANS LE CANTAL. — ANARCHIE DANS LES ADMINISTRATIONS. — LE COMITÉ DU SALUT PUBLIC. — LES REPRÉSENTANTS EN MISSION.

Nous venons de raconter les faits et gestes de Couthon, de Maignet, de Monestier, de Châteauneuf-Randon, dans le Puy-de-Dôme ; nous avons énuméré les victimes laïques et ecclésiastiques qui tombèrent sous le couteau de la Révoluttion dans ce pays ; et puis sont venus quelques détails sur la destruction du culte religieux.

Disons maintenant ce qui se passait dans le Cantal à la même époque, c'est-à-dire durant les années 1793 et 1794 :

Les Terroristes triomphaient dans le Puy-de-Dôme ; ils triomphaient aussi dans le Cantal. Par leur fait, le désordre régnait dans toute la hiérarchie administrative.

Les administrations étaient renouvelables au mois de septembre de chaque année. Dans le volume précédent, aux *Pièces justificatives*, nous avons donné la liste des membres des diverses administrations qui fonctionnèrent dans notre département du mois de septembre 1792 au mois de septembre 1793. A cette dernière époque, de nouveaux administrateurs furent élus, mais il nous est impossible d'en donner la liste complète, soit parce que les documents nous manquent, soit à cause du gâchis où se trouvaient toutes les administrations, à cette époque de violence inouïe et de désordre universel.

Parmi les élus, les uns n'acceptaient pas, les autres donnaient leur démission au bout de quelques mois et n'étaient pas remplacés ; plusieurs, découragés, n'assistaient presque jamais aux séances. Leur autorité en outre était contrariée, amoindrie, méconnue par cette foule de *sociétés*, de *comités*, de *commissions* établis dans toutes les communes et composés des citoyens les plus violents, les plus avancés en démagogie, dont le but était de pousser au char de la Révolution, de réchauffer les tièdes, dénoncer les aristocrates, faire emprisonner les suspects, surveiller tout le monde et sauver la République.

Ces diverses associations d'hommes ardents, connues sous le nom de *Société populaire*, *Comité de surveillance*, *Comité du Salut public*, *Comité révolutionnaire*, tenaient les administrations en échec, leur imposaient leur volonté, leurs ordres et même souvent se substituaient à elles. Les faits suivants le prouvent :

Le 12 avril 1793, la *Société populaire* d'Aurillac envoya quelques-uns de ses membres au Conseil des administrateurs du Cantal, alors en permanence. Ces délégués, ayant été introduits et après avoir obtenu la parole, demandèrent que la séance fût secrète, attendu, disaient-ils, qu'ils avaient des renseignements importants à fournir. Ils dénoncèrent à l'administration plusieurs personnes suspectes et parlèrent de coalition des ennemis de l'Etat, si bien que les administrateurs effrayés portèrent un arrêt des plus violents. Qu'on en juge :

ARTICLE PREMIER. — Les pères, mères, femmes, enfants, frères et sœurs des émigrés, les hommes notoirement connus suspects, seront provisoirement mis en état d'arrestation, consignés dans leurs propres maisons et dans leurs municipalités respectives.

Art. 2. — Ceux qui, dans la classe des parents émigrés, leurs agents ou domestiques, ou des hommes suspects, auraient affiché le plus d'incivisme, seront réputés aristocrates et en conséquence mis en état d'arrestation, déportés hors du territoire du District, et renfermés dans des maisons d'arrêt... » (1).

Le 22 mai 1793, un membre du *Comité du Salut public* fut envoyé au Conseil départemental et raconta le fait suivant :

Dans la commune de Roussy se cachait l'abbé Rocher. Le 19 mai 1793, il fut découvert et arrêté dans un bâtiment destiné à faire sécher les châtaignes, au moment où il allait dire la messe à une foule assemblée. La garde nationale de Labrousse le conduisait à Aurillac lorsqu'un attroupement d'hommes de Roussy survint et arracha le prêtre des mains des gardes nationaux. Instruit de ce fait, le *Comité du Salut public* donna l'ordre à la force armée de se rendre à Roussy et d'arrêter les coupables. Elle ne put en arrêter que trois : Pierre Lissorgues, Antoine Lamouroux et Marguerite de Lostal.

(1) Procès-verbal des séances de l'assemblée départementale de 1793.

Après ce récit, l'orateur du *Comité du Salut public* demanda la punition des coupables et le Conseil permanent, mis en demeure d'agir, porta l'arrêté suivant dans la même séance du 22 mai :

« Le Conseil permanent du département du Cantal, considérant qu'il est avéré que les habitants de Roussy ont été livrés au fanatisme le plus effréné, qu'ils ont souffert au milieu d'eux leur curé réfractaire jusque au mois de novembre dernier (1792); qu'ils ont reçu avec empressement tous les prêtres rebelles qui sont venus leur demander asile et particulièrement le prêtre qui a fait sa résidence habituelle à Roussy depuis le 25 août dernier, y a célébré, nuitamment et clandestinement, les offices divins et propagé les mauvais principes dont il était animé ; que les membres de la municipalité de Roussy, partageant les mêmes principes, ont favorisé ou tout au moins toléré les pratiques dangereuses de ces prêtres rebelles et les erreurs des habitants de la commune; qu'il est prouvé que les vases sacrés et ornements sacrés de l'église de Roussy servaient aux sacrifices clandestins du prêtre Rocher; qu'en conséquence, les officiers municipaux de Roussy qui en ont la surveillance immédiate, se sont rendus coupables d'une indifférence très blâmable et sont responsables de la spoliation qui a été faite à ladite église... arrête :

« Le maire, procureur de la commune et officiers municipaux de Roussy sont provisoirement suspendus de leurs fonctions. Il sera formé par le Directoire du District d'Aurillac une commission pour remplir les fonctions municipales... Il sera envoyé un détachement de la force armée dans la commune de Roussy, lequel sera placé chez tous les propriétaires qui ont donné les plus grandes marques d'incivisme et y sera à leurs frais.

Le Procureur-général syndic est expressément chargé de dénoncer à l'accusateur public près le tribunal criminel de ce département tous les auteurs ou complices des vols ou spoliations des vases sacrés ou ornements de l'église de Roussy, de l'attroupement qui enleva le 19 de ce mois le prêtre Rocher à la garde nationale de Labrousse, ainsi que ceux qui ont recélé des prêtres réfractaires... » (1)

La commune de Roussy qui avait enlevé au gouvernement révolutionnaire les vases sacrés et

---

(1) Registre du Conseil permanent de 1793.

les ornements de son église pour les donner à ses prêtres fidèles qu'elle cachait soigneusement, était donc brutalement punie de sa fidélité à son Dieu, à l'instigation du *Comité du Salut public* d'Aurillac qui pesait de tout le poids de sa fureur démagogique sur la volonté des admininistrateurs. C'était lui qui ordonnait les arrestations, comme le prouve le registre qu'il tenait à cet effet.

Dans ce registre, conservé aux archives d'Aurillac, nous lisons entre autres choses ce qui suit :

« Le 17 avril 1793, ordre au sieur Chevalier, capitaine de gendarmerie, d'arrêter Trotapel, prêtre, et de saccager le château de Ladinhac.

Le 18 avril, ordre à une brigade d'Aurillac de se transporter à Saint-Julien-Paganiol, département de l'Aveyron, où il existe un certain nombre de prêtres insermentés.

Le 19 avril, ordre à une brigade d'Aurillac et à la brigade de Saint-Mamet de se rendre à Marcolès et dans les paroisses voisines pour rechercher les prêtres insermentés.

Le 29 avril, ordre d'arrêter Ode, juge de paix du canton de Lanobre, et le sieur Trénioles parce que Ode avait reçu une lettre suspecte, destinée à Trénioles et qu'il n'en avait rien dit, favorisant ainsi les personnes inciviques.

Le même jour, ordre d'arrêter Bertrand Laporte de Saint-Géron, accusé de prêter la main à un émigré dont il avait reçu une lettre laquelle est tombée entre les mains du Comité.

Le 1er mai, ordre d'arrêter la dame Lymen de Saint-Géron pour laquelle Bertrand aurait reçu une lettre de gens émigrés.

Le 17 mai, ordre à deux brigades de gendarmerie de se transporter dans la commune de Naucelle pour y arrêter le nommé Delsort et autres personnes suspectes.

Le 20 mai, ordre d'arrêter les prêtres et les personnes suspectes de la commune de Cheylade et autres voisines.

Le 27 mai, ordre d'arrêter le citoyen Portes, domestique du citoyen Auzolles de Laveissière, de Sabatier, demeurant chez le fermier de... (illisible), du citoyen Jean de Badaillac, etc.

Le 8 juin, ordre au capitaine de gendarmerie d'Aurillac de se transporter au château de Caillac pour y arrêter une douzaine de révoltés de la Lozère qui s'y sont cachés dans les caves.

Le 18 septembre, ordre d'arrêter le nommé Ambage, ancien capitaine de gendarmerie à

Tulle et Félix Laprade, ancien maréchal des logis, tous deux retirés à Aurillac.

Le 2 octobre 1793, ordre d'arrêter le sieur Sarailles et ses deux fils, parce qu'ils se sont opposés à l'arrestation du sieur Grenier...

C'était donc le *Comité du Salut public* d'Aurillac qui disposait de la liberté et de la vie des citoyens ; le *Tribunal* et la *Société populaire* en disposaient également ; c'était l'arbitraire à son comble et la confusion partout.

Au *Comité du Salut public* succéda, en octobre 1793, le *Comité révolutionnaire*, formé par Delthil, comme nous allons bientôt le raconter. Ce nouveau comité couchait les procès-verbaux de ses séances dans un registre particulier

Or dans ce registre nous lisons :

« Séance du 29 brummaire, an 2 (19 novembre 1793) :

Un membre a observé que les administrations étaient désertes, que la plupart des administrateurs, sous de vaines allégations, obtenaient des congés, que d'autres affectaient de ne s'y rendre presque jamais... Sur quoi, le Comité considérant que la désertion des administrateurs de leur poste peut devenir d'autant plus dangereuse à la chose publique qu'elle est un péril par l'agitation redoublée des ennemis de la liberté...

Arrête : 1° Tous les présidents et, en leur absence, les vice-présidents des administrations des districts et du département, demeurent invités de convoquer sur le champ les conseils généraux de leurs administrations respectives.

2° Huit jours après la réception du présent arrêté, les administrations feront passer au Comité la liste des administrateurs, tant des absents que des présents, avec note sur chacun de leur assiduité et cette liste sera renouvelée chaque huitaine.

3° Les administrateurs, notés de négligence à se rendre à leur poste ou d'indifférence à remplir leur devoir seront mis sur la liste des suspects et traités comme tels ;

4° Pareille invitation est faite aux conseils des communes et sous les mêmes peines. »

Le Comité parle en maître. Les administrateurs n'ont qu'à obéir.

Ce qui augmentait le désarroi, ce qui diminuait de plus en plus l'autorité des administrations diverses, c'était la présence dans les départements de tous ces commissaires que la Convention envoyait avec des pouvoirs illimités pour exciter le patriotisme, disait-on, activer la levée en masse des hommes valides, combattre les aristocrates, les fédéralistes, créer des tribunaux, faire pénétrer dans les masses l'esprit du plus pur républicanisme, etc.

Presque tous nos députés conventionnels furent envoyés en mission dans les départements : Soubrany fut envoyé dans la Moselle avec Maignet, puis dans l'Ariège et les Pyrénées-Orientales avec Milhaud. Ce dernier passa aussi quelque temps dans les Ardennes. Jean-Baptiste Lacoste fut envoyé aux armées du Nord, Romme dans le Calvados, Dulaure dans la Corrèze et la Dordogne, Carrier à Nantes, Monestier dans le Puy-de-Dôme d'abord, puis dans les Hautes et dans les Basses-Pyrénées, Maignet dans les Bouches-du-Rhône et Vaucluse.

Ces missionnaires de la Convention parcouraient les départements, visitaient les villes, assistaient aux séances des assemblées des districts, des communes, des comités, des sociétés populaires, prononçaient des discours, lançaient des arrêtés, gourmandaient les magistrats, établissaient des tribunaux révolutionnaires, approuvaient les listes de proscription, incarcéraient, noyaient, mitraillaient, incendiaient.

A Nantes, Carrier jeta une partie de la population dans la Loire. Dans le midi, Maignet fit brûler la ville de Bédouin et en dispersa les habitants.

Dans le Cantal, nous eûmes aussi nos missionnaires. Elie Lacoste et Faure nous furent envoyés en mai 1793, Taillefer et Delthil, en septembre et octobre de la même année, Chateauneuf-Randon, dans les derniers mois de 1793 ; Bô, en janvier et février 1794 ; Bory et Chazal, dans l'été de 1794 ; Musset, en novembre et décembre de la même année.

Ces missionnaires de la démagogie la plus radicale remplirent leur tâche avec une incroyable brutalité et laissèrent dans nos pays des traces sanglantes encore ineffacées.

CHAPITRE II.

COMITÉ RÉVOLUTIONNAIRE DU CANTAL. — SES VICTIMES.

Le *Comité du Salut public*, dont nous venons de parler, quoique très habile et très puissant dans l'art des concussions, fut bientôt considéré comme trop timide, pas assez radical. Les Jacobins d'Aurillac sentirent le besoin de frapper de grands coups. Tout leur vint à souhait.

Taillefer, député de la Dordogne à la Convention, fut envoyé en mission dans les départements de l'Aveyron, du Lot et du Cantal, pour chauffer la machine patriotique. Ne pouvant être partout à la fois, il envoya dans le Cantal un vrai patriote apte à toutes les besognes, Delthil, de Montauban, « un banqueroutier avant la Révolution, dit *le Décadaire*, voleur d'une montre d'or, voleur de plusieurs flambeaux, concussionnaire infâme. »

Par une lettre du 15 septembre 1793, écrite de

Cahors, Taillefer donne à son délégué Delthil les pouvoirs nécessaires : 1° pour activer dans le Cantal la levée des jeunes républicains ; 2° pour requérir des autorités et compléter la liste des citoyens dont la réclusion doit être effectuée ; 3° pour procéder à l'arrestation immédiate des individus reconnus pour professer des principes inciviques, contraires à la liberté et à l'égalité ; 4° pour prendre des notes sur les autorités du département, lesquelles il aura soin de communiquer à lui, Taillefer, qui avisera.

Le 4 octobre 1793, Taillefer écrivait à Delthil une autre lettre dans laquelle il dit : « Tu dois établir un *Comité du Salut public* à Aurillac et dans tous les chefs-lieux du District ; tu t'entoureras de bonne sans-culotterie pour organiser sa composition. Bien entendu qu'à Aurillac le père Hébrard et l'ami Milhaud doivent en être membres. Ces comités sont autorisés à faire reclure tous les individus suspects... à faire procéder à des perquisitions chez lesdits individus afin de saisir le numéraire et autres effets métalliques dont ils pourraient être nantis..... Ces effets et sommes seront mis à la disposition de la Trésorerie nationale... Concerte-toi avec Hébrard et Milhaud, les sociétés et comités des Districts et fais-moi passer la liste des individus qui doivent la composer, état-major, officiers, sous-officiers, soldats, je l'arrêterai et organiserai sans délai. Delthil. »

Arrivé dans le Cantal, Delthil se mit à l'œuvre : Après nous être entouré de toute la franche sans-culotterie, dit-il, nous avons créé deux comités révolutionnaires, l'un à Aurillac, l'autre à Saint-Flour.

Comité d'Aurillac

Tout d'abord le comité d'Aurillac fut composé de douze citoyens, mais successivement d'autres y furent adjoints. En outre quelques membres ayant été envoyés à Clermont, à Lyon, à Paris, à la poursuite des aristocrates fugitifs, on les remplaça par de nouveaux venus, de sorte que le nombre de citoyens qui, à un moment ou à un autre, firent partie du Comité, est relativement élevé. Voici leurs noms :

Hébrard, président du tribunal criminel.
Milhaud, aîné, capitaine de gendarmerie à Aurillac.
Boudier, cadet, administrateur du District d'Aurillac.
Grandet Étienne, juge de paix à Chaudesaigues, membre du Directoire du département.

Salsac Antoine, expert, notaire, membre du Directoire du Cantal,

Dèzes, notaire à Maurs, juge au tribunal du District d'Aurillac.

Aliès, aîné, officier municipal à Aurillac.

Cruège, officier de santé.

Thibal, troisième du nom.

Aigueparse, coutelier à Aurillac.

Valette, aîné, de Salers, ancien administrateur du District de Mauriac.

Dominique Mirande, officier municipal à Mauriac.

Manhes (ou Magnes), ex-procureur, administrateur d'Aurillac.

Vaurs, d'Arpajon.

Fau, notaire, membre du District d'Aurillac.

Vidal Antoine, notaire à Saint-Christophe.

Selves.

Laparra.

Mazard, peintre à Aurillac.

Coffinhal, procureur général-syndic du département.

Gamet, marchand.

Abadie.

Lausser.

Pertus, employé à la recette.

Sérieys, membre de la Société populaire d'Aurillac.

Vaissier.

Fontanges.

Puex.

En tout vingt-huit.

Le 29 octobre 1793, fut tenue la première séance : Hébrard fut nommé président, Grandet et Cruège, secrétaires ; Aliès, trésorier, auquel quelques jours plus tard fut adjoint Milhaud ; plus tard aussi Vèzes fut élu vice-président.

Comité de Saint-Flour.

Pierre Vaissier, ex-grand vicaire épiscopal, administrateur du département.

Lamouroux, officier municipal à Saint-Flour.

Girion, greffier du juge de paix de Chaudesaigues.

Pierre Bernard, avoué près le tribunal de Saint-Flour.

Chatonnier, officier municipal.

Rongier, membre du Directoire de Saint-Flour.

Clavières, procureur-syndic du District d'Aurillac.

Devillas, juge au tribunal du District de Saint-Flour.

Feydin Jean-Pierre, d'Allanche, membre du District de Murat.

Dantil, aîné, négociant à Murat.

Ces deux Comités, par leur influence, absorbèrent tous les autres Comités, toutes les Sociétés populaires du Cantal; et bientôt le Comité d'Aurillac absorba le Comité de Saint-Flour si complètement que ce dernier ne paraît plus dans les affaires du temps. Toute la puissance est au Comité révolutionnaire d'Aurillac; il gouverne, il dirige même les gouvernants. D'ailleurs il avait été réglé par Taillefer et Delthil que les affaires d'intérêt général seraient traitées à Aurillac par le Comité de cette ville auquel se réuniraient les membres du Comité de Saint-Flour.

Dès sa formation, le Comité d'Aurillac se mit à l'œuvre avec une incroyable ardeur. Le onze octobre, sur l'invitation de Delthil, il discuta et compléta la liste des citoyens qui devaient composer l'armée révolutionnaire; elle fut vite organisée et vite commença la spoliation des citoyens.

« Le Comité, dit Guitard, dans la *Révolution du Cantal*, avait à ses ordres une armée révolutionnaire, commandée par Valette, cadet; des détachements allaient sans cesse enlever les citoyens, leurs bourses, leurs bijoux, leurs meubles de tous métaux ; puis il fallait payer fort cher la course du détachement, puis une contribution et cela n'évitait pas toujours la réclusion. Quiconque était ami du Comité et avait un ennemi pouvait aisément lui ravir sa fortune ou sa liberté. »

Guitard écrit encore : « Le brigandage a réuni des hommes qui sont devenus successivement oppresseurs et opprimés. Le coquinisme s'est établi en système, lors de la formation du Comité révolutionnaire créé par Delthil. Ce Comité devait comprimer l'aristocratie et l'égoïsme, mettre l'une dans l'impossibilité de nuire, ôter à l'autre le superflu. Les formes de la perception, l'incertitude de la reddition des comptes, et, plus que tout, les dispositions naturelles de certains membres de ce Comité en firent bientôt un antre de Cacus. Chacun de ses membres pressura ses ennemis personnels, eut sa caisse particulière. On cite des taxes énormes ainsi escroquées, entre autres une de quinze mille livres sur le citoyen Vacher, ex-procureur général du département. On cite des taxes odieuses imposées dans le District de Mauriac, sur des agriculteurs, des veuves, des malheureux, par Aigueparse, membre de ce Comité, et par Valette, commandant la force armée révolutionnaire qu'il avait à ses ordres. Dès lors ce fut comme une fédération entre les membres de ce Comité ; il fut impossible d'en attaquer un sans les avoir tous à combattre. Lorsqu'un patriote a failli, disait Salsac, chacun doit s'empresser de le couvrir de son manteau. »

Cette friponnerie générale est avouée par Hébrard lui-même, président du Comité, dans sa *Réponse;* « Presque tous les nobles, dit-il, les parents des émigrés, les fanatiques, quelques robinocrates chagrins furent reclus et presque tous imposés en raison de leur incivisme, du moins en raison de leur fortune. »

Les 12, 13 et 14 octobre, le Comité, après discussion, arrêta trois listes de proscrits ; quelques jours plus tard, encore trois listes. Nous les réunissons ici en une seule.

Liste des personnes arrêtées par ordre du Comité :

Bourlange, ex-anobli, habitant Mauriac.
Chinchon, prêtre de Mauriac.
Ternat, bourgeois de Mauriac.
Marguerite Dagen, de Mauriac.
Delpuech, de Lascombes, commune d'Auzers.
Vaissier, cadet, de la Blavadie, paroisse du Vigean,

Jean-Baptiste Chavanier, du moulin de Chambres, paroisse du Vigean.
Laviale, de Surgères, paroisse du Vigean.
Roland, ex-juge de paix de Salers.
Ralite, ex-maire de Saint-Paul-de-Salers.
Lafarge, maire de Saint-Vincent.
Diernat, ex-maire de Brageac.
Bertrandy-Marmontel, de Salers, et sa famille.
Lafarge, fils, de Saint-Vincent.
Chazettes de Bargues, de Salers.
Lescurié, femme de M. de Raffin, émigré, de Salers,
Lur-Saluce, de Salers.
Lafarge de la Pierre, de Saint-Paul.
Lafauvetie, de Salers.
Dufayet de la Tour, de Saint-Vincent.
Dufayet de la Tour, frère du précédent.
Delzangles, de Faussanges, paroisse de Saint-Martin-de-Valois.
Palemon, dit Lamargé, de Fontanges.
La Delsol, veuve Vigier, de Mauriac.
La fille Vigier, de Fontanges.
Laumière, de Mauriac.
Montelard, d'Anglards.
Déribier, d'Anglards.
De Douet de Romanange, paroisse de Moussages.
De Douet de la Roche, paroisse de Chastel.

Sartiges d'Angles, paroisse du Vigean.
Dufayet-Mainterolles, de Fressanges, paroisse de Moussages.
Planchard, de Cussac.
Bardet de Burc (veuve), de Barriac.
D'Humières, ci-devant baron de Scorailles.
Vacher, père, de Scorailles.
Dufaure, de Riom-ès-Montagnes.
Déribier de Tautal, paroisse de Menet.
La Pestel, veuve Caissac.
Antoine Maynial, maire de Saint-Remy.
Pestel, père de la veuve Caissac.
Déribier, de Chaissac.
La veuve de Chalussse, du Châtelet, paroisse d'Ydes.
Chazèles, du Rieu.
D'Anglards, cadet, de Veyrières.
Mathieu Lassagne, de Méallet.
Antoine Galtier, de Champs,
Cabanel, de Broussolles, paroisse de Saint-Christophe.
Périer, père, de Chaussenac.
Gibertel, de Saint-Christophe.
Cabanel, de Rodamont, paroisse de Saint-Christophe.
Falvelly, ex-anobli, ex-administrateur, babitant Gresse.

Jaulhac, officier de santé, d'Aurillac.
Jalenques, ci-devant juge de paix à Maurs.
Deaura, ancien juge de paix d'Aurillac.
Sourniac, marchand à Aurillac.
Prince, marchand à Aurillac.
Montal, ci-devant noble, habitant Ayrens.
La nommée Sœur (sic), ci-devant directrice de l'Hôtel-de-Dieu de Salers.
Marguerite Bayle, fille, couturière à Salers.
Sophie, fille, couturière à Salers.
Paris, cuisinier à Peyronnenq.
Laroque, notaire à la Roque, paroisse de Boisset.
Suzanne Caylar, femme Chauvet, de Salers.
Chanut, de Falgousset, commune de Saint-Paul.
Joanny, père, de Saint-Bonnet.
Joanny, fils, de Saint-Bonnet.
Rongier, de Navaste, paroisse de Saint-Bonnet.
Séguy, de Boussac, paroisse de Saint-Bonnet.
Guy, de Champs, paroisse de Drugeac.
Pomier, dit Roquelaure, de Saint-Martin-Val-meroux.
Chabrat, de Chambres, paroisse du Vigean.
Ferrière-Sauvebœuf, tante, de Salers.
Ferrière, nièce de la précédente, de Salers.
Sédillot, femme, de Mauriac.
Sédillot, sœur de la précédente.

Taphanel, de Pierrebrune, commune de Loupiac.
Souliac, ex-chanoine de l'Hôpital.
Puex, maire de Cayrols.
Louis Lorus, d'Aurillac, ci-devant croix de Saint-Louis.
Collinet, fils, ci-devant chevalier de Malte.
Lasserre, veuve.
Lasserre, fille de la précédente.
De Boissieux, de Tidernat, paroisse de Laroquevieille.
Lachaynée, mère.
Lachaynée, fille de la précédente.
Montayly, cadet, de la Ségalassière.
Méallet, de Polvérière, oncle.
Veuve Caissac, de Laroquevieille,
Veuve Vigier, du Claux.
La Moissier, veuve Salvage.
Salvage, fils de la précédente.
De Fontanges.
De Sistrières, ci-devant lieutenant général, à Vic.
Casse, ci-devant féodiste, à Montsalvy.
Calonne, père, du Cambon, paroisse de Saint-Cernin.
Bardit, notaire, de Saint-Antoine.
Gabriel Pagès, d'Aurillac.
Jalenques, de la Coste, paroissse de Leynhac.
    Total : Cent.

A ces cent personnes arrêtées, ajoutons celles qui, sorties de prison, y furent réintégrées par ordre du Comité et dont les noms suivent :

Roupon, de Missiliac, qui paya 340 fr. aux gendarmes et aux gardes nationaux qui le conduisirent en prison.

Lausser, ex-procureur à Vic, emprisonné pour cause de correspondance suspecte.

Chibrayt, parce qu'il avait diffamé le Comité.

Traynier, homme d'affaire du marquis de Miramont, à Polminhac, parce qu'il écrivait à son maître émigré.

Gineste, d'Aurillac, parce qu'il entretenait une correspondance avec son oncle Larguèze, à Paris.

Descaffre, ex-noble.

Carrière fils, d'Aurillac.

Lolier-Villemur, de Vézac.

Ces trois derniers furent bientôt remis en liberté, sur leurs réclamations.

A ces noms, ajoutons ceux des proscrits, au nombre de plus de vingt qui, réfugiés à Clermont, à Paris, à Lyon, furent ramenés et jetés dans les prisons d'Aurillac et nous aurons un total de plus de cent trente Cantaliens incarcérés par le Comité révolutionnaire en moins de deux mois (octobre et novembre 1793).

Nous tirons tous ces détails du *Registre* même du Comité révolutionnaire. Il ne dit pas tout.

Dans le *Décadaire*, journal qui s'imprimait alors à Aurillac, nous trouvons quelques détails sur la persécution exercée par le Comité contre plusieurs personnes de Maurs et des environs, notamment contre la famille de Falvelly.

M. de Falvelly, père, fut décrété d'arrestation en même temps que la citoyenne Capelle, la veuve Montarnal, Sarret, la femme divorcée Conquans, M. de Saint-Chamarant et Peyroneinq.

Dèzes, membre du Comité, se rendit à Maurs, et fit visiter les accusés par un officier de santé. Le lendemain Dèzes dit à Chaules, maire de Maurs : — « Comme tu es bien avec la famille Falvelly, fais-leur savoir qu'il me faut cent livres pour les frais de visite, sinon je les enverrai chercher par la force armée. » — Le vieillard paya cent francs ; tous les autres visités versèrent chacun la même somme, à l'exception de Peyroneinq qui ne donna que douze livres en écus.

Veut-on savoir la cause de cette persécution contre un vieillard ? Le *Décadaire* va nous le dire :

« Le citoyen Falvelly, père, vieillard respectable, a employé son utile carrière au bonheur de ses concitoyens. C'est à ses soins et à son activité que Maurs est redevable, entre autres choses, du grand chemin, qu'une personne, alors très accréditée, voulait détourner sur Saint-Constant. Maurs lui doit encore d'avoir fait combler les fossés et d'en avoir fait une promenade qui contribue à sa salubrité et à son embellissement. Bon père, bon citoyen, il jouit du plaisir pur d'avoir fait le bien, de la douce consolation d'être entouré d'une famille qu'il a élevée lui-même. Nous ajouterons qu'il a cultivé avec succès et intelligence l'agriculture et qu'il était membre de la Société d'agriculture de Clermont-Ferrand. Tant de titres à la reconnaissance publique devaient sans doute lui susciter la persécution. Chaque ville a eu ses délateurs et ses bourreaux ; Maurs a eu un Dèzes ». (1)

Dans l'histoire de l'extermination de la noblesse, nous avons dit les malheurs du marquis de Lur-Saluce, de Drugeac. Le Comité aggrava ses malheurs, ses désastres. Dans la séance du 10 novembre, le Comité « considérant que ledit Saluce n'a jamais rempli aucun devoir civique... que l'exportation doit être la juste

(1) N° 12, page 3.

récompense de sa conduite incivique, arrête qu'un commissaire pris dans son sein se transportera dans ses domaines de Salers et de Drugeac pour mettre sous les scellés tous ses meubles et effets, s'assurer de sa correspondance... chassera des maisons tous domestiques et autres personnes affidées audit Salusse et y constituera des gardiens... A cet effet, le Comité nomme le citoyen Valette et l'invite à partir sur le champ. »

Valette partit. Le château de Drugeac et la maison de Salers furent dépouillés complètement et le mobilier porté à Aurillac sur trois voitures. Les voituriers reçurent pour frais de transport l'un quarante francs, l'autre vingt-cinq et le troisième cinquante. (1)

Plusieurs détenus envoyèrent au Comité des pétitions demandant leur liberté, pour cause de maladie.

Voici la réponse du Comité :

« Le Comité, considérant que tous ces ennemis de la Révolution, mis en réclusion, ne méritent de la part du Comité d'autre égard que celui que l'humanité réclame... arrête que ceux des reclus qui seront malades se logeront dans l'infirmerie, qu'à l'avenir le Comité n'aura plus

(1) *Registre du Comité*, p. 58 et 117.

d'égards à de pareilles pétitions et que ceux déjà sortis de prison, pour cause de maladie, seront tenus d'y rentrer dans trois jours. »

Dans ce temps de terreur, pour éviter la prison ou la mort, de nombreux citoyens et citoyennes quittaient le pays. Le Comité envoyait des émissaires à la poursuite de ces fugitifs.

Il envoya Aiguesparse à Clermont pour y faire arrêter et ramener à Aurillac François Capelle, Canteloube, Marmiès et Géraud Verdier qui s'y étaient réfugiés.

Il envoya François Boudier à Paris pour y faire arrêter Larguèze, puis à Clermont pour y faire arrêter la veuve Conros, la femme Canteloube, la femme Marmiès, les époux Carbonat et plusieurs autres que le Registre ne nomme pas.

Aliès et Dominique Mirande furent envoyés à Lyon où s'étaient réfugiés Madame de Fontanges, l'abbé Bruel, la dame de Fargues, épouse de Danjony, émigré, les demoiselles de Fargues et leur mère, le sieur Sartiges de Sourniac, Madame de Roquemaurel, née de Jugeals, le chevalier de Bonal, Bichon Legrand, Gronier, ces trois derniers citoyens d'Aurillac, et plusieurs autres.

Revenu de Clermont, Aigueparse fut envoyé

au Mur-de-Barrez à la poursuite de Laveissière-Vitrac, ex-noble de Raulhac.

Ces émissaires remplirent leur mission avec vaillance. Parmi les proscrits qu'ils ramenèrent le *Registre du Comité* signale les dames de Conros, Marmiès, Marguerite Tournier, M. de Sédaiges, sa famille, les deux frères Beauclair, la femme de l'un d'eux, les sœurs Barra, Verdier, Larguèze, les familles de Fargues, de Sartiges, et de Roquemaurel, les deux Dorinière, père et fils.

Les frais de voyage étaient payés par les malheureux prisonniers. Ainsi Verdier et deux autres de ses compagnons de voyage donnèrent à Aigueparse trois cents francs pour frais de déplacement, sept ou huit cents francs à la gendarmerie et environ la même somme au conducteur.

Louise Parisot, femme Larguèze, paya onze cents francs pour le voyage et les frais de garde de son mari, quoique Boudier, son conducteur, eût déjà reçu neuf cent quatre-vingt-dix-neuf francs pour son voyage.

Mirande et Aliès, pour leur voyage à Lyon, reçurent mille cent soixante-deux francs. Il est vrai qu'ils avaient eu à Lyon un véritable succès dans la poursuite des fugitifs; ils étaient parvenus à faire guillotiner Legrand et Bichon. Grognier parvint à s'échapper.

Les deux Dorinière, père et fils, également amenés de Paris à Aurillac, durent débourser aux commissaires qui les avaient conduits la somme de quatre mille cinq cent douze livres.

Chose étonnante ! Madame de Fontange, réfugiée à Ville-affranchie (Lyon), pria le Comité de lui envoyer un conducteur, qui serait chargé de la conduire à Aurillac, disant qu'elle paierait les frais de voyage.

Le Comité lui envoya Sérieys, un de ses membres. C'était en décembre 1793. Elle revint donc à Aurillac, où on lui donna une petite place dans une des prisons encombrées des victimes de la fureur révolutionnaire.

CHAPITRE III.

CONCUSSIONS EXERCÉES PAR LE COMITÉ RÉVOLUTIONNAIRE. — LE COQUINISME. — RECETTES ET DÉPENSES.

Le Comité mettait les hommes au cachot et les écus dans son sac. « Depuis longtemps, dit Guitard, la commune d'Aurillac gémissait sous la domination des hommes immoraux qui par l'intrigue, la cabale, la calomnie étaient parvenus à s'emparer de toutes les places et à s'envelopper d'une popularité factice. Tous les citoyens, sans distinction, étaient concussionnés, opprimés et la coalition qui avait commencé par la rapine, méditait déjà des assassinats... Le coquinisme a exercé impunément ses ravages. Les citoyens qui ont refusé leur bourse ont été reclus, ceux qui l'étaient ont été élargis en la donnant et la liberté individuelle est devenue l'objet des marchés les plus honteux. »

Dans ce trafic infâme de la liberté et de l'argent d'autrui, on employait outre la force armée la ruse ou la fourberie. Hébrard lui-même cite dans sa *Réponse*, un trait admirable :

« Roux, dit-il, commissaire, ancien cuisinier de la dame d'Orcet, se rend officieusement chez elle, à Mauriac, pour la prévenir de cacher son argenterie dans la cave, dit-il. Quelqu'un le devine et dit à la dame d'Orcet que si son argenterie est trouvée cachée, elle sera confisquée moitié au profit de celui qui la trouvera. C'était bien l'idée du cuisinier. Madame d'Orcet ne la cacha pas. Roux, transformé en commissaire, arrive, demande à voir l'argenterie, et de suite veut descendre à la cave. Le voilà méduse. L'argenterie n'est point cachée. Piqué, du coup, Roux fait porter toute l'argenterie au Comité révolutionnaire. Je l'ai fait remettre à la dame d'Orcet, ajoute Hébrard. » Ce qui n'est pas certain.

Le Comité prélevait des sommes énormes sur les aristocrates et les gens suspects, sous forme de contributions ou de dons patriotiques. Il taxait les citoyens à tant par tête ou à tant par famille.

Lorsqu'ils refusaient d'ouvrir leur bourse, Valette arrivait avec un détachement de l'armée révolutionnaire et alors évidemment plus de résistance, plus de refus.

Voici les noms des personnes qui furent ainsi taxées arbitrairement et les sommes qu'elles furent obligées de débourser. Ce sont exactement les noms et les chiffres donnés par le Comité lui-même dans son compte-rendu.

	Livres ou francs
Faure, de Saint-Christophe, fut obligé de verser...........................	300
Les filles Ferrière-Sauveboeuf.........	1.200
Dupuy la Fauvelie...................	2.000
Bertrandy-Marmontel................	1.000
Lafarge de la Pierre, de Saint-Paul...	5.000
Chazettes de Bargues, de Salers......	12.000
Ternat, de Mauriac..................	1.200
Vaissier de la Blavadie..............	50
La veuve Pons......................	909
Dufaure............................	100
D'Anglard de Veyrières..............	600
Déribier de Cheyssac................	3.500
Chinchon, prêtre....................	800
La veuve d'Orcet et la veuve Vergnes..	2.500
Cussac.............................	600
Delpuech, d'Auzers	300
Cabanel, de Boussolles..............	1.000
Lavialle, de Surgères...............	600

Fialeix Mallassagne	300
La veuve Bardet	2.000
Viole, second du nom	450
Gaston, de Mauriac	800
Guy, de Champs	300
La Dagen, de Mauriac	200
Latour, aîné	2.755
La veuve Chalus, d'Ydes	2.000
La Teissier, de Mauriac	100
Diernat, de Brageac	600
Raymond, de Menet	1.200
Lassagne, de Méallet	150
Périer, d'Ostenac	1.711
La veuve Rigal	600
Déribier, de Tautal	600
D'Humières, d'Escorailles	600
Joanny, de Mauriols	600
La veuve Genestal	4.000
Meynial, de Saint-Remy	300
Pomier, aîné, de Saint-Martin	600
Joanny, de Récusset	200
Chabanier, de Chambres	150
Fontalard	700
Taphanel, de Pierre-brune	713
Meilhac, de Prades	500
Deux Sartiges, filles	600
Mallassagnes, du Vigean	800

La fermière de la Roche...............	200
Lescure, de Chaussenac...............	400
Lafon, de Néboulières................	100
La veuve de Selves...................	100
Bergeaud, de Frugères................	300
Mourguy, de Bélières.................	300
Croizet, de Mauriac..................	100
Latour, de Moussages.................	300
Chazette, de Saint-Bonnet............	390
Bergeaud, de Jarriges................	300
Lacombe, de Saint-Paul...............	150
Delzangles, de Saint-Bonnet..........	100
Rivière, Clavel et autres particuliers des communes de Chaussenac et de Drignac ou des environs...............	3.016
Chavaroche, d'Anglard, Bouche et Broquin.................................	1.175
Rongier	1.000
Latour, père et fils.................	3.000
Lamargé, de Fontanges................	15.000
Roupon, de Raulhac...................	12.000
Jean Guy, de Ruzolles, commune de Saint-Bonnet........................	1.206
Pierre Maury, Charmes et Roussy......	800
Dufaure, pour son dernier terme......	1.000
Pierre Guy...........................	600
Barbier, de Chaudesaigues............	2.000

Montclar, d'Anglards...............	16.000
La dame Larafinie..................	2.000
Jacques Chanut, de Saint-Bonnet....	600
Aygueparses a remis au Comité la somme de 5,425 livres pour les contributions qu'il a perçues sur les aristocrates du district de Mauriac......	5.425
Dessales Descazaux.................	1.000
La demoiselle Montlogis............	1.200
Delzangles, de Faussanges, officier de santé............................	3.000
Chaule, ex-bénédictin à Maurs.......	500
Vigier, homme de loi à Aurillac......	500
Lieurade, de la Feuillade...........	3.000
Lajunie, prêtre d'Aurillac...........	1.000
Hilaire Miquel, prêtre à Maurs.......	12.000
Ternat fils, chaudronnier d'Aurillac...	1.200
Les prêtres Malrous, de Maurs........	15.000
Marc-Gabriel Lagarde, de Maurs.....	1.200
Anne Veyrines, marchande d'Aurillac.	1.200
Boutarie, de Maurs.................	1.200
Favelly, ex-administrateur..........	2.000
Jules de Foulan, d'Aurillac..........	1.200
Jaulhac, officier de santé...........	1.000
Jean Pruines.......................	1.000
Jacques Baudières, de Boisset........	6.000
Bertrand, ex-curé du Mur-de-Barrez..	1.000

Lassalle-Labarrière, de Vic	6.000
La Guynot, veuve Perret	6.000
Bochâtel, fils	1.000
La dame Couderc	10.000
Esquirou, de Puechmège	4.000
Carrière, ex-conseiller	2 000
Lavergne, de Laroque, notaire	10.000
Jalinques, du Roc, commune de Mourjou	2.000
Bouquier, homme de loi de Leynhac	1.000
Bonnafos-Lamothe, de Mourjou	3.000
Capelle, ancien mousquetaire	2.000
Delzangles de Faussanges, aîné	9.000
La femme Larguèze, marchande, d'Aurillac	1.500
Chaumon, notaire	2.000
Flory, aîné, de Mourjou	1.200
Lorus	1.000
Sounjac, marchand	1.000
Lac, de la Martinelle	1.200
La dame Détanus, de Maurs	6.000
La dame Latour, veuve Pouzols	2.000
Peyrac Veillans	0.000
Comblat, père	10.000
Bourlange	6.000
Laubret, de Vic	10.000
Mealet-Faulat, de Marcolès	3.000

Delom, aîné........................	8.000
Descaffres........................	8.000
La maison de Colinet...............	6.000
La Bastid, veuve Chaule...........	500
Latour, pour Bertrand, de Roussi.....	1.200
Bardy, de Leynhac.................	500
Le frère Jalinques..................	200
Montal, d'Ayrens...................	3.000
Dégion, de Veyrières...............	2.000
Delort, pour la dame Lachenaye.....	1.000
De Beauclair......................	6.000
Lespinas, fille.....................	2.000
Trenty, veuve.....................	10.000
La dame Daubusson................	1.000
La maison Salvage-Lamargé.........	15.000
Lachenaye Monteily................	1.500
Delzangles, de Faussanges..........	11.000
Ternal, gendre de Reyt.............	1.000

Total des sommes prélevées arbitrairement sur les aristocrates : trois cent soixante-un mille six cent cinquante-quatre livres ou francs.............». 361.654

Le compte rendu par le Comité porte ensuite :

« Etat des cuivres rouge et jaune, fonte, étain, fer-blanc et fer pris chez les aristocrates. »

Les diverses matières énumérées dans cet état

s'élèvent au poids de soixante-seize quintaux quatre-vingt-sept livres.

Vient ensuite l'état de « or, bijoux et vieille argenterie, pris chez les aristocrates et remis par le Comité tant au receveur qu'à l'administration de ce district d'Aurillac. »

A l'aristocrate de Lur-Saluce furent enlevées trois montres en or, quatre bagues, un petit anneau, trois tabatières et un bracelet.

A Mabit, ci-devant prêtre, une montre en or.

A Lapons, une montre en argent, une garniture de bracelets, deux petites bagues, une paire de boucles d'oreilles, une paire de boutons d'argent, une paire de boucles de jarretières à pierre fine, une paire de crochets en argent, trois paires de boucles d'oreilles en argent.

A Madame Vigier d'Orcet, de Mauriac, vingt-et-un plats pesant 83 marcs, 4 onces, plus trois écuelles d'argent avec leurs couvercles pesant 12 marcs, 6 onces.

A plusieurs particuliers que le Comité ne nomme pas ;

Une bague en pierres bleues, entourée de pierres fines,

Plus une bague à diamant à rose,

Plus vieille argenterie consistant en couverts

d'argent, calices, patènes, porte-huiles, etc, pesant 43 marcs, 2 onces,

Plus trois couverts, une cuiller à café,

Plus vieux couverts, boucles et autres vieux effets en argent,

Plus un marc, deux onces en persiline blanche,

Plus deux marcs, cinq onces, six gros, persiline dorée,

Plus six louis en or, valant cent quarante-quatre livres,

Plus une pièce d'Espagne valant cinq livres,

Plus neuf livres en pièces de vingt-quatre sols et de douze sols,

Plus une petite pièce d'Espagne valant cinq sols,

Plus cent trente-huit livres en écus de six livres,

Plus une once, deux gros, en vieilles bagues et montures de bracelets,

Plus une bague à diamant,

Plus un gobelet d'argent,

Plus huit flambeaux,

Plus quatre cafetières,

Plus quinze pièces, soit en porte-huile, mouchettes, salières,

Plus différents couverts grands et petits,

Plus une montre à répétition en or.

Plus trente-cinq louis valant huit cent quarante livres.

Plus en écus de six livres, cinq cent quatre-vingt-dix-sept livres,
Plus en sols marqués, douze sols,
Plus en pièces de quinze sols, trente sols.
Plus en gros sols, quatorze livres, quatorze sols,
Plus vingt-trois pièces d'argent,
Plus deux croix de Saint-Louis,
Plus un monneron en cuivre de cinq sols.

Voici maintenant l'emploi des sommes perçues : nous copions textuellement.

Font dépense les rendant compte de la somme de treize cent vingt livres, payée aux citoyens Mirande et Valette, commissaires dans le district de Mauriac, tant pour frais de courses que pour autres dépenses, ci..................	1.325
Plus de celle de douze livres, dix sols, payée aux crocheteurs pour le port du cuivre et autres effets, ci.............	12 l. 10 s.
Plus de celle de quarante livres payée à Guillaume Rongier pour avoir voituré le cuivre, étain et fer de sieur Salusse, ci	40 l.
Plus de celle de vingt-cinq livres	

payée à Jean Mayon pour avoir aussi voituré des effets du dit sieur Salusse........ 25 l.

Plus de celle de cinquante livres payée à un autre voiturier qui a voituré des effets du sieur de Salusse................. 50 l.

Plus de celle de trente-huit livres payée aux porteurs de cette commune par ordre du Comité...................... 38 l.

Plus de la somme de quarante livres payée au voiturier qui a porté les effets de la dame d'Orcet................... 40 l.

Plus de celle de trente-cinq livres payée au porteur des effets de la veuve Salvage........... 35 l.

Plus de celle de trente livres payée à ceux qui ont apporté des effets du sieur de Sistrières.................... 30 l.

Plus de deux mille livres délivrées au citoyen Valette, membre du Comité, accordée aux corps constitués de la commune de Mauriac........ 2.000 l.

Plus de celle de seize livres payée au citoyen Merle, ferblantier pour le montant d'une lanterne.................... 16

Plus de celle de cent quatre-vingt-quinze livres payée à l'au pour indemnité et dépense de lui et de son cheval. 195

Plus de celle de cent soixante et onze livres, dix sols payée au citoyen Vialannus pour différentes impressions..... 171 l. 10 s.

Plus de celle de trent-huit livres payée au même pour autres impressions et délivrance de papiers................... 38 l.

Plus de celle de neuf cent quatre-vingt-sept livres, 15 sols, payée au citoyen Cheylus, commissaire, pour aller à Paris, près la Convention...... 987 l. 15 s.

Plus de celle de cent trente-huit livres, quinze sols, payée aux citoyens Laval et Boissou, commissaires............. 138 l. 15 s.

Plus de celle de 7 mille neuf cent vingt livres quinze sols, payée aux citoyens Hébrard, Boudier, Milhaud et Vanel, commissaires, envoyés à Paris... 7.920 l. 15 s.

Plus de la somme de cinq mille deux cent livres, dix sous payée aux sieurs Lafarge, Chazelle, Salusse et à la Sophie : savoir à Lafarge, 280 livres, à Chazelle, 3000 livres ; à Salusse 1734 livres ; à la Sophie 186 livres 10 sous, ci 5.200 l. 10 s.

Plus de la somme de mille cent soixante deux livres payée au citoyen Aliès et Mirande, commissaires pour Lyon, ci. 1.162 l.

Plus de celle de quatre mille cinq cent douze livres, quinze sols, payée aux citoyens commissaires qui ont conduit les sieurs Dorinière père et fils de Paris à Aurillac, somme qui doit être remboursée par les dits Dorinière.......... 4.512 l. 15 s.

Plus de celle de onze mille trente-neuf livres, cinq sols payée pour frais de l'armée révolutionnaire, dépense se-

crète, traitement des secrétaires du Comité et pour frais de bureau, ci............ .. 11.039 l. 05 s.
Total des dépenses. 34.977 livres.
Total des versements faits dans la caisse du receveur du district d'Aurillac............. 126.200 l.
Total des versements faits dans la caisse du receveur de la commune d'Aurillac........ 200.477 l.
Résultat. { Recettes......... 361.654
{ Dépenses........ 361.654 (1)

Fait et arrêté par nous, membres du ci-devant Comité révolutionnaire, à Aurillac, le 11 pluviôse, an 2 (30 janvier 1794).

Signé : Aliès, Boudier, Dèzes, Vaissier, Lausser, Hébrard, Cruèze, Laparra, Manhes, Dominique Mirande, Fau. »

Ce compte est-il exact ? Les montres d'or, les boucles d'argent, les mille bijoux enlevés aux aristocrates ont-ils été tous portés au receveur du District? Les sommes prélevées sur les citoyens ont-elles été toutes avouées? Non. C'est un compte fait à plaisir. A l'époque où il fut rendu, on n'ajouta

(1) Je n'ai pas vérifié l'exactitude de ces calculs; je les copie tels que je les trouve dans le *Registre du Comité*.

pas foi à sa sincérité. On continua à croire à un immense tripotage, à d'énormes escroqueries. On essaya de le vérifier sans pouvoir y parvenir.

Voici ce que dit Guitard à ce sujet dans la *Révolution du Cantal* :

« Le Comité révolutionnaire a fait imprimer son compte le onze pluviôse an 2 (30 janvier 1794.

Maintenant on s'occupe à l'épurer. Mais comme il ne contient pas le détail des effets de chaque contribuable et qu'il y a un article de dépenses secrètes en bloc, on ne pourra découvrir les infidélités qu'en appelant tous les contribuables et par ce moyen l'on verra de même si les sommes sont exactement rapportées. Un citoyen a déclaré publiquement que, comptant la contribution de son frère, il retint cent francs. Le trésorier du Comité a déclaré de même qu'un honorable membre du Comité lui vola quatre cents francs. Cependant rien ne manque; mais aussi quelle commodité pour arranger un compte qu'un article de dépenses secrètes ! »

Hébrard, membre du Comité, et par conséquent intéressé à cacher ses turpitudes, ne peut s'empêcher d'avouer qu'il y a eu des échanges d'assignats, des vols et que le compte doit être refait.

Voici ce qu'il dit dans sa *Réponse* :

« J'arrive de Paris (il avait été envoyé avec Vanel et Milhaud demander à la Convention des fonds pour acheter des grains, le Cantal en manquant presque complètement) j'arrive de Paris. Le Comité révolutionnaire n'existe plus légalement ; les membres s'assemblent et déclarent au District qu'ils ne sont assemblés que pour mettre ordre à leur comptabilité Il s'ébruite déjà qu'un membre, Aigueparse, a mis à profit ses derniers instants. L'article de la comptabilité ne sera peut-être pas le moins pénible ; sur la fin, il y avait tant de trésoriers ! Une chose surtout a de quoi surprendre, c'est que dans l'intervalle du soir au matin l'un d'eux ait pris en échange pour plus de cent mille livres d'assignats démonétisés. L'on tient à gage un calculateur ; tout cela remplira-t-il les vides ? Boudet, commis au District, garçon très intelligent, donnera, dit-on, à notre compte une bonne fortune ; on l'emploie. Aliès se plaint que la discipline a été mal observée, qu'un honorable membre a volé quatre cents livres. Il y aura à gagner pour la tranquillité de tous de revenir à ce compte ; la loi l'ordonne ; c'est une voie de salut pour qui aurait eu des *distractions.* »

Lakairie, rédacteur du journal d'Aurillac, le *Décadaire,* écrit ceci dans le n° 2 :

« Le 11 pluviôse, an 2 (30 janvier 1794), Guillaume Valette et le Comité Delthil rendirent leur compte : tant de reçu, tant de dépensé, zéro de reste, rien de plus clair. Un an après, Guillaume Valette étant arrêté, se rappelle quelque argent, quelques meubles, quelques effets métalliques ; et aussitôt il présente un petit compte où il porte tant pour des pistolets, item, tant pour ceci, item, tant pour cela etc. et le montant de cette vente où seul il enchérit et adjuge, Guillaume Valette le verse fidèlement dans la caisse nationale. Mirande l'a imité. Que tous ceux qui ont oublié en fassent autant ; et puis, les mauvais plaisants viennent dire qu'il y a des fripons parmi les membres des anciens Comités. »

Au sujet de Mirande, Lakairie ajoute : « Mirande était alors en travail de compte de ses perceptions révolutionnaires ; il en est résulté la preuve que sur une somme de deux mille neuf francs, il a erré pendant plus d'un an jusqu'à prendre sa poche d'abord pour la caisse du Comité révolutionnaire et puis pour celle du District. » n° 5.

Valette et Mirande, les deux dilapidateurs, avec Aigueparse, du District de Mauriac, avouent donc avoir oublié, c'est-à-dire gardé des sommes prélevées sur des citoyens, lesquelles sommes ne figurent pas dans le prétendu compte du Comité.

Lakairie écrit encore : « A peine le Comité eut-il été créé par Delthil qu'il commença par s'installer dans une belle maison, richement meublée.... Là, sous le nom d'aristocrates, de suspects, de modérés, d'indifférents, de riches, d'égoïstes, de fanatiques, de fédéralistes, d'anciens fonctionnaires, de gens à influence, d'hommes à talent, les citoyens étaient appelés, amenés par l'armée révolutionnaire, mis à nu ou embastillés.

« Quiconque y a été marchander sa liberté ou celle d'un parent, d'un ami, se souvient de cette inscription placée en gros caractères sur l'entrée de l'antre de Cacus : Le Cantal change de face, les hommes de place, et les assignats de caisse. Quelle devise! Jamais bande de voleurs s'avisa-t-elle de mettre sur sa caverne : Ici l'on vole et l'on détrousse proprement. Aussi après avoir lu ces quatre mots, comme l'on était résigné à tous les sacrifices! comme l'on donnait volontairement! Comme l'on tenait pour gagné tout ce qu'on ne vous avait pas pris! Encore si on n'eût eu à faire qu'avec le Comité! mais pour mieux opérer le déplacement, plusieurs de ses membres avaient imaginé d'avoir chacun une caisse, et toutes ces caisses se disputaient vos assignats. » (N° 5.)

Une enquête fut faite ; elle prouva que toutes les sommes perçues par les membres du Comité, ne furent pas portés sur le compte, qu'il y eut des concussions, des escroqueries d'argent et de divers effets.

Ecoutons quelques-uns des témoins :

Vaissier, appelé en témoignage, déclare qu'il s'aperçut que dans le Comité l'on se jouait de la liberté des citoyens, que Boudier dénonçait toujours, qu'Hébrad stipulait en son nom et pour ses intérêts, qu'il reçut à l'insu du Comité dix-huit cents francs de Chibret et deux millle francs d'un chanoine de Clermont, lequel il fit élargir ; mais que cela faisant du bruit, Hébrard vint compter au Comité ces deux sommes qu'il dit avoir oubliées.

Croizet, receveur, présente un reçu ainsi conçu :

« Je soussigné, receveur du District d'Aurillac, certifie que le citoyen Aigueparse, coutelier de cette commune, a déposé à ma caisse le 2 germinal une somme de douze cents livres qu'il a déclaré provenir des taxes révolutionnaires imposées sur des gens suspects du District de Mauriac.

« Signé : Croizet. »

Or cette somme n'est pas portée sur le compte, nouvelle preuve que ce compte n'est pas exact.

Alary écrivait à Boudier : « Ignorant ce qui pourrait te faire plaisir, j'ai envoyé chez toi une pièce de toile et des bas ; et je te prie de les accepter. » Cette toile et ces bas ne figurent pas dans le compte.

Mabit déclare que le 12 brumaire, an II (2 novembre 1793) Valette, commandant de l'armée révolutionnaire, vint l'arrêter au Monteil, lui prit deux louis d'or doubles pour sa course, une montre d'or, etc.

Roupon dépose à son tour qu'il a été forcé de payer trois cent quarante francs, sur deux mandats du Comité, signés : Dèzes et Hébrard, aux hommes de l'armée révolutionnaire et à des gendarmes qui le conduisaient en prison.

L'armée révolutionnaire était payée par le Comité, il y avait des fonds pour cela. Valette et ses compères n'avaient donc pas le droit de faire payer leur course par les gens qu'ils conduisaient en prison ou du moins ils n'auraient pas dû recevoir dans ce cas le paiement du Comité.

Parfois même ils retenaient une partie de la solde due aux soldats. Salesse en effet et Contenson, soldats de l'armée révolutionnaire, déclarent : le premier que Claude Darses lui retint trois soldes et Milhaud, de Maurs, dix ; le second que Milhaud lui fit une semblable retenue.

Traynier, notaire, dépose qu'étant en réclusion il avait obtenu sa liberté en versant mille francs ; Aliès déclare que Delthil s'empara de trois paires de chandeliers déposés au Comité et qu'il ne les rendit pas.

Ternat, fils, dépose qu'il obtint sa liberté en donnant donze cents francs au Comité et dix-huit cents à Hébrard. Vigier déclare que Faussanges, arrêté par Valette, aîné, obtint son élargissement moyennant vingt mille francs : on lui en rendit pourtant une partie pour ne pas se compromettre.

Capelle, arrêté, donne à Boudier, pour l'apaiser, trois mille francs.

La dame Vacher-Bourlange verse à Mirande vingt et un mille francs pour la délivrance de son mari.

Laroque, notaire, ayant su, dit-il, qu'on faisait une liste de gens aisés, écrivit à Milhaud de Maurs pour le prier de s'intéresser à lui ;

Milhaud répondit que moyennant quatre mille francs, il se chargeait de tout. Le Comité ne fut pas de cet avis; il demanda trente mille francs. Il se contenta pourtant de dix mille que Laroque paya.

Calonne dépose que Valette avec un détachement de douze hommes lui enleva tous ses effets et tous métaux, lui fit payer cent quatre-vingt-dix francs pour ses soldats et le mena en réclusion où il lui fit payer encore 100 francs pour les honoraires. Quinze jours après Carral envoya chez lui pour enlever deux cents bouteilles de Bourgogne et de Malaga. La chose parut si exorbitante que le Comité rendit à Calonne une partie de son vin.

Latour, fils, atteste qu'il fut taxé par le Comité révolutionnaire à quatre mille francs et qu'il les compta à Dèzes. Or il n'est fait mention que de trois mille sur le compte du Comité.

Alary dépose que, pour retirer une de ses lettres, parvenue au Comité révolutionnaire, il donna à Boudier, cadet, six cents francs, des vins étrangers et des liqueurs; à Hébrard, des toiles, des vins, des liqueurs, du sucre; à Manhes, trois ou quatre carottes de tabac; à Vaurs, environ douze; à Milhaud cinq ou six et deux pains de sucre; à Dèzes, une robe de soie. Rien de tout cela n'est porté sur le compte.

Il y a encore dans la *Révolution du Cantal* d'autres dépositions accablantes pour le Comité. Celles que nous venons de rapporter suffisent pour prouver que les hommes du Comité étaient de hardis détrousseurs habiles à extorquer la liberté et l'argent de leurs concitoyens.

CHAPITRE IV.

AGISSEMENTS DU COMITÉ RÉVOLUTIONNAIRE DANS LES DISTRICTS DE MURAT ET DE SAINT-FLOUR. — LISTE DES SUSPECTS. — LES EXPLOITS DE CHATEAUNEUF-RANDON A SAINT-FLOUR.

Pendant sa durée d'environ trois mois, le Comité révolutionnaire d'Aurillac ne borna pas ses faits et ses gestes dans les districts d'Aurillac et de Mauriac; il étendit son influence délétère et sa formidable puissance jusqu'aux districts de Murat et de Saint-Flour. Dans cette dernière ville, il y avait un Comité, établi également par Delthil, nous l'avons dit; mais absorbé, annulé par le Comité d'Aurillac, il n'avait aucune influence dans le pays.

Le Comité d'Aurillac s'était donné la mission de gouverner en maître les administrations et les administrés.

A son instigation, le 11 septembre 1793, la municipalité de Saint-Flour fit une liste des suspects qu'elle compléta le 26 du même mois. Des copies de cette liste, avec des mandats d'amener, furent délivrés aux commandants de la gendarmerie et de la garde nationale, pour que « en exécution des arrêtés du département tous les dénommés dans cette liste soient arrêtés et conduits dans les prisons d'Aurillac ».

Outre cette liste des citoyens à arrêter, on en fit une des citoyens à surveiller (1). Le Comité, dès qu'il fut formé, au commencement d'octobre 1793, veilla à ce que ces listes eussent leur plein et entier effet.

(1) *Liste des suspects à arrêter :*

Spy, des Ternes, sa femme, ses deux fils et ses deux sœurs, en tout....................	6
Gillet de Bron, sa femme et son oncle de Vernet.	3
Muret, homme de loi......................	1
Dessauret Cheylus, sa femme et son fils, prêtre..	3
Borel, sa femme et son fils aîné...............	3
Fidei Lavergne, sa femme et sa fille...........	3
Podevigne de Grandval, sa femme et ses deux filles	4
Montluc, père, sa belle-fille et son fils, chanoine.	3
Tassy, père, sa femme et son fils aîné..........	3
De Moré et la dame de Moré, sa belle-sœur......	2
Antony Cornille, père, perruquier	1
Gabriel Duprée, ex-huissier...................	1
Bigot de Vernières...........................	1
Vaissière, père...............................	1
Quatre sœurs de charité et la demoiselle Grassol	5

Il fit mieux, il complota la ruine de Saint-Flour. Aurillac ne pardonnait pas à Saint-Flour les démarches que cette ville faisait pour être déclarée chef-lieu du département. Par décret de l'Assemblée nationale, l'alternat avait été établi dans le Cantal, c'est-à-dire que l'administration avait alternativement son siège à Saint-Flour et à Aurillac.

Il en était encore ainsi en 1793, l'alternat

La dame veuve La Roche....................	1
La dame Trémeugé La Roussière.............	1
La demoiselle Brugier, tante.................	1
La dame Lassagne..........................	1
La dame Charloton, veuve Gillet.............	1
Les deux dames Dessauret-Montlouby.........	2
La dame Dantil.............................	1
La dame de Saint-Poncy.....................	1
La femme Cornu............................	1
La sœur Pellory............................	1
La femme Combes..........................	1
La femme Massa............................	1
La servante de Philibert-Vayron, chanoine.....	1
La femme Grassal..........................	1
La servante de Copiac, chanoine..............	1
La sœur David et sa servante................	2
Total............	58

Liste des personnes à surveiller :

Bardol, officier de santé.....................	1
Bru, père et fils............................	2
Vigier, père et fils..........................	2

n'ayant été supprimé qu'au mois de juillet 1794, époque où Aurillac devint définitivement chef-lieu du département. La vieille rivalité existait donc encore entre les deux cités importantes de la Haute-Auvergne. Le Comité révolutionnaire résolut de détruire les prétentions à la suprématie de Saint-Flour.

Hébrard, Boudier, Milhaud et leur ami Carrier appelèrent les haines de Châteauneuf-Randon sur la ville rivale ; ils le chargèrent

Bertrand aîné, homme de loi et ses deux fils.....	3
Chazelou et sa femme........................	2
Vidaleinc et sa femme........................	2
Daude, avoué et son frère cadet	3
Juéry, médecin...............................	1
Rongier, homme de loi........................	1
Bonaventure Chanson.........................	1
Chanson et sa femme.........................	2
Grassal, chirurgien...........................	1
Queuille fils.................................	1
Juéry, fils aîné	1
Meyre, clerc d'avoué.........................	1
Philippe Vayron, prêtre	1
Vaissière, bourgeoise.........................	1
Servant, père et fils, bouchers..................	2
Chanson, perruquier	1
Jouve, aubergiste............................	1
Jean Chirol, tailleur..........................	1
Bardol, du faubourg	1
Beaufils, chanoine	1
TOTAL	32

d'accomplir leurs vengeances, ce que le fougueux montagnard accepta volontiers, attendu qu'il était lui aussi fort indisposé contre Saint-Flour.

Il savait en effet que Saint-Flour dans le cas où il ne deviendrait pas chef-lieu du département du Cantal, chercherait à devenir le chef-lieu d'un nouveau département, composé d'une partie du Cantal et d'une partie de la Lozère, sa terre natale.

Dans ce but, disait-on, Saint-Flour réparait ses murailles, s'approvisionnait d'armes et se faisait appeler Fort-Cantal, ce qui était sans doute une prétention à l'aristocratie et à la domination. Châteauneuf saisit donc avec empressement l'offre que lui faisaient les démagogues d'Aurillac.

« Des scélérats, disent les habitants de Saint-Flour dans un mémoire qu'ils adressèrent plus tard à la Convention, des scélérats dont Carrier était à la fois le protecteur et le conseil, avaient juré notre perte. Châteauneuf-Randon s'unit à eux et épousa leur querelle. Quelques administrateurs du département qui depuis formèrent le noyau de la fameuse Commission révolutionnaire du Cantal, nous accablèrent de leur autorité. Ce qu'il y a de plus féroce, de plus ignorant dans le département, dominait cette administration. Les ordres de Carrier y prévalaient sur les lois et ces mêmes hommes, forts de l'appui de cet assassin, avaient étendu sur tous les districts la tyrannie la plus désolante, les réquisitions les plus arbitraires, les dénis de justice les plus révoltants, préludes des vexations qui allaient être exercées contre nous ».

Châteauneuf guerroyait dans la Lozère, où il emprisonnait les aristocrates, dévastait les églises, démolissait les cloches et les châteaux lorsqu'il fut appelé à exercer les vengeances démocratiques d'Aurillac contre Saint-Flour.

Le grand seigneur démagogue se dispose donc à sévir contre la ville accusée de royalisme et en conséquence le 9 décembre 1793, de Mende où il se trouvait, il porte un arrêté qui interdit aux habitants de Saint-Flour toute communication avec le dehors en même temps qu'aux gens de dehors tout accès dans la ville ; c'était l'isolement qu'il voulait produire ; et pour le produire complet il établit une ligne de postes de gardes nationaux ou de militaires sur les confins de tout le district.

Il écrit en même temps aux administrateurs du Cantal et à ceux du Puy-de-Dôme leur demandant d'envoyer à Saint-Flour « pour y prêcher l'esprit public » des membres des sociétés populaires.

Clermont envoya les démagogues Bouscarat, Baudet, Ribeyroux et un citoyen qui portait le nom devenu fameux du président du tribunal criminel d'Aurillac, Hébrard.

Aurillac délégua Salsac, Fau, Mailhe, peut-être quelques autres. Ces sans-culottes, dont l'audace égalait la frénésie, se répandent dans la ville de Saint-Flour et y sèment la terreur par les menaces des justes catastrophes qui vont fondre sur les habitants. En effet, par ordre de Châteauneuf-Randon, l'adjudant-général Levrai part avec quatre mille hommes pour occuper militairement la cité vouée à la destruction. Il a ordre de s'emparer des portes, de l'arsenal et de tous les postes de défense hostilement établis. disait Châteauneuf, par les fédéralistes, les royalistes, les ennemis de la liberté et de l'égalité, de faire le blocus de la cité, d'arrêter les suspects et d'épurer le comité de surveillance, et la société populaire.

Pour exciter les soldats, à leur arrivée, on leur montre les clochers de la ville, les tours de la cathédrale et on leur fait croire qu'ils marchent contre des rebelles armés.

Aussi furent-ils étonnés du bienveillant accueil qu'ils reçurent.

« Au lieu de bivouaquer par un temps affreux sur les hauteurs qui dominent nos murs, disent les habitants, dans leur *Mémoire*, ils se virent conduits par nous-mêmes dans les logements qui leur étaient préparés ; ils reçurent nos embrassements, ils partagèrent nos lits, nos tables et ils s'attendrirent sur nos persécutions. Nos postes et nos avenues furent gardés par les soldats, et six mille citoyens paisibles, constitués prisonniers de guerre, attendaient avec effroi le sort que leur réservait leur superbe vainqueur. »

Epouvantés par les mesures menaçantes que prenaient les délégués de Clermont et d'Aurillac de concert avec Levrai, les corps constitués de Saint-Flour, le 15 décembre 1793, envoyèrent quelques-uns de leurs membres vers le grand seigneur démagogue pour lui demander l'éloignement des troupes. Il les reçut brutalement, les accabla de son arrogance hautaine, les traita de royalistes, de fédéralistes, de contre-révolutionnaires et finalement ordonna leur arrestation. Ils se sauvèrent par la fuite.

Enfin Châteauneuf arriva à Saint-Flour.

Jamais souverain, dit le *Mémoire*, n'étala tant de faste ; il ne paraissait dans les rues, sur les places publiques qu'entouré de trente dragons à cheval. On ne pénétrait dans ses appartements qu'à travers une foule d'ordonnances. C'était un fastueux proconsul exerçant le droit de conquête.

Le 16 décembre, Châteauneuf assista au brûlement « de tous les hochets du fanatisme et de la superstition ». Une de ses premières occupations fut de désarmer tous les citoyens particuliers ou gardes-nationaux ; puis il ordonna de raser les murailles de la ville qui étaient, disait-il, des entraves à la liberté. Il fit détruire les clochers, à l'exception des tours de la cathédrale.

« Ce n'était pas assez, dit le *Mémoire*, que le passage de Châteauneuf fût marqué par la terreur et les vexations, il fallait que d'autres dévastations en éternisassent le souvenir. Tous les monuments publics furent saccagés : la voûte d'une superbe église fut écrasée par la démolition du clocher ; la poudre manquait aux armées, elle fut frivolement employée pour abattre, à deux cents toises de la ville une vieille chapelle (le Calvaire) et pendant plusieurs jours le bruit du canon répandit l'épouvante dans les campagnes. Le fer, le cuivre des églises furent volés, leurs portes forcées et aucun de ses délits ne fut réparé. Il semblait que la rage des dévastations fût une fièvre brûlante dans l'âme de ce représentant. Tous les cantons du District devaient se ressentir de ses fureurs. Par son ordre, une nuée de commissaires envahit les campagnes, démolissant les clochers, abattant les croix, brisant les images, foulant aux pieds les objets du culte, faisant abjurer les prêtres et prêchant l'athéïsme. Tout village qui aurait résisté à ces nouveaux apôtres, devait être réprimé par la persuasion d'abord, par la force ensuite et enfin par le feu. »

Les commissaires violaient les propriétés, se livraient à des concussions honteuses. A Allanche la garde nationale envahit et pilla une ferme, en enleva les grains, égorgea la volaille. Dans certaines communes les cultivateurs furent dépouillés, des officiers municipaux garrottés, plusieurs paysans attachés à la queue des chevaux.

Hébrard disait qu'il fallait que plusieurs têtes tombassent à Saint-Flour ; Mailhe, autre commissaire, disait confidentiellement à certaines personnes de Murat, qu'à cette heure il devait y avoir plusieurs têtes tombées à Saint-Flour, et Baudet ajoutait que, s'il n'avait tenu qu'aux délégués d'Aurillac, il ne serait pas resté à Saint-Flour pierre sur pierre.

Dans une lettre écrite de Saint-Flour, le 8 janvier 1794, par les délégués de Clermont, nous lisons ce qui suit :

« Chers concitoyens, frères et amis, vous avez dû recevoir par le dernier courrier plusieurs exemplaires d'un arrêté du représentant Châteauneuf-Randon, l'un des articles duquel porte la démolition des murs qui forment l'enceinte de Saint-Flour, des tours et châteaux environnant la même commune.

« Deux bataillons, l'un dit *de l'Ardèche*, et l'autre *franc*, s'occupent avec la plus grande célérité de ce travail important. Hier, pour amuser un peu nos braves démolisseurs, on leur a donné l'ordre de canonner une église, ci-devant le Calvaire, située sur une hauteur qui domine la ville. Nous nous sommes transportés sur les lieux et cette canonnade, qui a duré plus d'une heure, nous a fait éprouver une bien douce jouissance. Nous aurions été plus satisfaits si la chapelle eût été remplie de prêtres, car par cette maudite engeance, le fanatisme a fait les ravages les plus affreux dans ce pays-ci. Signé : Bouscarat, Ribeyroux, Hébrard, Laforie, Baudet. »

Le 11 nivôse, an 2 (31 décembre), Châteauneuf fulmine de Saint-Flour un long arrêté, ayant force de loi pour le Cantal et les départements voisins, lequel porte que les cloches seront descendues et les clochers démolis, que les communes qui n'ont pas encore renoncé au culte public seront invitées à donner leur avis à cet égard, que les prêtres seront tenus à abdiquer leurs fonctions ; que tout citoyen sera obligé de dénoncer, d'arrêter les réfractaires, les suspects, les perturbateurs, les déserteurs ; que les croix, les chapelles dans les campagnes et autres vestiges de féodalité et de royauté seront démolis ; que les argenteries, les ornements des églises, cuivre et fer, seront portés au chef-lieu de chaque district, que les matériaux des démolitions appartiendront aux propriétaires, s'ils ne sont pas émigrés ou suspects, dans le cas contraire, vendus au profit de la nation, que les bataillons stationnés dans l'Aveyron, le Cantal et la Lozère seront répartis dans chaque canton jusqu'à ce que tous les articles du présent arrêté soient exécutés, etc... Enfin Châteauneuf ordonne que cinq délégués soient nommés dans chaque canton pour veiller à la prompte exécution de son arrêté (1).

Les délégués et les bataillons se mirent à la besogne dans tout le département, mais les populations étaient si irritées de ces destructions

(1) Placard imprimé. *Recueil Tournemine.*

sauvages que partout elles opposaient la plus vive résistance, à tel point que sur les réclamations venant de tous côtés, Châteauneuf se résolut à modifier un peu son terrible arrêté. De Largentière (Ardèche) où il s'était rendu en quittant Saint-Flour, il porta, le 29 janvier 1794, un autre arrêté qui permettait aux communes de conserver les clochers, qui étaient, par leur architecture, un ornement pour la localité et de conserver aussi ceux dont la démolition présentait des dangers.

En quittant Saint-Flour, Châteauneuf, comme pris de remords de tant d'horreurs commises, voulut montrer quelque clémence en relevant la ville de l'état de guerre révolutionnaire. Saint-Flour présentait l'aspect d'une ville prise d'assaut ; elle mit longtemps à réparer ses ruines, plus longtemps encore à dissiper le souvenir du fougueux démagogue et de ses sinistres compagnons.

CHAPITRE V.

DESTRUCTION DE TOUT CULTE. — ARRÊTÉ DE BÔ. — DISCOURS DE SALSAC. — ADRESSE A LA CONVENTION DE LA SOCIÉTÉ POPULAIRE DE MAURIAC. — FÊTE DE LA RAISON A AURILLAC. — ADRESSE DES ADMINISTRATEURS DE MAURIAC AUX PAYSANS.

La Révolution avait détruit l'Eglise catholique et, sur ses ruines, fondé l'église constitutionnelle; c'était un progrès vers la destruction de toute religion, but qu'elle se proposait d'atteindre. Bientôt la nouvelle église lui déplut autant que l'ancienne et, faisant un pas en avant, elle commença un travail de démolition qu'elle mena à bonne fin en peu de temps. Vers la fin de l'année 1793 la besogne était faite; les églises étaient fermées, pillées, démolies ou vendues. Les prêtres constitutionnels avaient cessé tout culte religieux dans les paroisses.

Dans les départements du Puy-de-Dôme et du Cantal, cette destruction fut opérée avec la même rigueur, la même brutalité.

Dans nos régions Chateauneuf ne fut pas le premier à fulminer des anathèmes, à porter des arrêtés contre l'église existante, contre les cloches et les clochers.

Dès l'année 1792, l'administration départementale avait arrêté que chaque paroisse ne conserverait qu'une seule cloche; en 1793 elle ordonna que toutes cloches seraient descendues des clochers.

Le 10 février 1794, le représentant Bô, envoyé dans le Cantal, lance, de Murat, un arrêté ayant le même but.

« Considérant, dit-il, que l'empire de la Raison vient d'éclairer les citoyens du département du Cantal, qu'il importe au développement des lumières philosophiques de faire disparaître tous les signes qui servent à rappeler au peuple les dangers et les crimes de la superstition. Arrête : Tous les clochers des communes du Cantal seront démolis à la hauteur des bâtiments de l'église... »

Le 16 février 1794, il porte un autre arrêté qui ordonne l'enlèvement dans la huitaine des fers, cuivres, bronzes, plombs, etc... qui existent encore dans les ci-devant églises et leur transport au chef-lieu du District.

En exécution de ces arrêtés et de ceux de

Chateauneuf, l'administration départementale du Cantal fait nommer dans chaque district des commissaires qui se transportent dans toutes les églises de leur arrondissement respectif et font l'inventaire des effets, titres, ornements, or, argenterie, pierres précieuses, fer, cuivre, étain, etc... qui se trouvent dans les dites églises et puis les font transporter au chef-lieu du district, d'où on envoie à la trésorerie nationale les matières d'or et d'argent, et au ministre de la guerre les cuivres, plombs et fers.

Ainsi furent dépouillées les églises. Les prêtres constitutionnels ne furent pas mieux traités. En 1791 l'Assemblée nationale les jeta dans le schisme, maintenant elle veut les forcer à l'apostasie. Plusieurs en effet abdiquèrent, apostasièrent et contractèrent des alliances criminelles, tels que Fontanier à Saint-Flour, Thibal, Ferluc, à Aurillac, Dominique Mirande à Mauriac. Ce dernier épousa civilement en 1794, sa nièce âgée de 14 ans, fille de son frère Nicolas Mirande, magistrat honorable, député suppléant à la Convention.

Ces alliances criminelles étaient imposées au nom de la loi et le célibat proscrit au nom de la nature.

« Citoyens sans-culottes, s'écriait Salsac dans

la séance de la Société populaire de Mauriac, tenue le 14 novembre 1793, maintenant que les brigands de la Lozère et de l'Aveyron sont forcés de nous laisser tranquilles, livrons avec les armes de l'invulnérable philosophie une guerre à mort aux erreurs ; portons d'une main ferme la hache révolutionnaire à la racine de ces préjugés destructeurs qui ont abruti l'espèce humaine jusqu'au point de faire adorer superstitieusement le célibat, ce monstre assassin de la postérité et de la nature. Ces corporations ci-devant ecclésiastiques où l'on faisait le vœu barbare de laisser périr la nation, ces gouffres, ci-devant sacrés où des hommes et des filles allaient immoler leur fécondité, ces cloîtres en un mot où l'on cherchait à mourir pour éviter la peine de vivre n'existent plus. Glorifions nos législateurs. Encore un pas à faire vers la régénération publique. Attachons par les tendres liens conjugaux les ci-devant ecclésiastiques au char triomphal de la Révolution ; arrachons-les ainsi du sein de l'égoïsme et de l'isolement pour les rendre à la vie sociale et nous aurons bien mérité de l'humanité.

« Votons une adresse à la Convention pour que du haut de son Sinaï, elle décrète que tout ci-devant ecclésiastique sera tenu dans six mois de se donner une compagne à peine de privation de toute place et d'être signalé comme suspect. » (Applaudi).

L'adresse fut votée; la voici :

« La société populaire de Mauriac à la Convention.

« Représentants. Les rois et les prêtres, ligués pour nous asservir, avaient jeté parmi nous un monstre assassin de la société, le célibat. Vous avez terrassé les rois; du haut de votre Sinaï, frappez ces soutiens hypocrites et cachés du trône, ces prêtres attachés encore aux maximes perfides, aux usages nationicides du despotisme royal, de la superstition religieuse. La philosophie marche à pas de géants, prenez garde que les ministres du culte catholique n'entravent sa marche rapide.

De simples conseils sont inutiles; que la voix toute puissante du législateur tonne sur ces égoïstes qui refusent de rendre hommage à la raison et à la nature.

Mais ce n'est pas tout; il est une autre espèce de célibat plus dangereux encore, plus funeste, plus criminel. Nous parlons ici de cette foule de célibataires séculiers qui pullulent dans nos villes, qui portent partout la mort et la débauche. Représentants, forcez ces hommes à la vertu ; décrétez que tout Français qui, à l'âge de trente ans, n'aura pas uni son sort à une compagne, ne pourra plus prétendre à un emploi public.

Tels sont les vœux des sans-culottes montagnards de la commune et du District de Mauriac.

Suivent une foule de signatures. »

Toute religion révélée était rejetée ; la Raison seule devait être écoutée, honorée. C'était le Dieu nouveau. Des fêtes furent établies en l'honneur de cette déesse et on lui donna pour temple les églises purifiées de la superstition. On s'y rassemblait le jour du décadi qui était le dixième jour de chaque décade et la décade se composait de dix jours. On devait chômer le décadi et travailler le dimanche. Ceux qui s'y refusaient étaient regardés comme suspects.

La première fête de la Raison, célébrée à Aurillac, eut lieu le 19 janvier 1794. Voici la proclamation que Gourlat, maire de la ville, adressa à cette occasion à ses concitoyens :

« Citoyens,

« Depuis longtemps la Raison est aux prises avec le fanatisme et elle n'a remporté encore que des demi-victoires. L'édifice de vos préjugés religieux plus lent à s'écrouler que celui de vos préjugés politiques, était défendu par une milice nombreuse, dont l'erreur était l'aliment et qui luttait contre la vérité pour sa propre existence. Le sacerdoce a survécu quelques jours à la royauté, mais telle est la marche rapide de l'esprit public, le char triomphant de la Révolution écrasera successivement tous les préjugés. Le trône a été renversé, l'autel doit tomber à ses côtés. Les rapports qui ont toujours existé entre les prêtres et les rois sont si intimes que la tyrannie doit revivre ou le fanatisme expirer... La commune d'Aurillac désire que le chef-lieu du département soit le chef-lieu de la Raison...»

L'église de Saint-Géraud avait été déclarée temple de la Raison ; mais son clocher étant en démolition, on célébra la fête dans l'église des Cordeliers.

La veille, le maire adresse une nouvelle proclamation aux habitants :

« Citoyens,

« Lorsque le Conseil de la commune vous a invités à exprimer librement votre vœu sur l'exercice du culte public, il avait prévu d'avance le résultat honorable de vos délibérations.

Appelés à choisir entre la raison et la superstition, vos lumières et votre amour pour la liberté répondirent d'avance de votre choix. Un élan sublime a renversé dans un instant tous les objets d'un culte superstitieux qui depuis tant de siècles alimentaient le fanatisme...

Citoyens, tous les vrais biens vous restent ; vous n'avez perdu que vos préjugés. Ce nouveau triomphe remporté sur eux assure votre liberté et vous conserve une religion pure, impérissable comme la nature et la vérité, appui tutélaire de la morale et du bonheur social. Le Conseil vous invite à assister demain à la fête de la Raison. »

Le jour désigné, 19 janvier 1794, les citoyens, les citoyennes, les autorités, précédés des tambours, de la musique, se rendent au temple de la Raison. Le maire commence par donner lecture des lois nouvelles, puis Vanel, un apostat, prononce un discours « très philosophique », ensuite on chante un hymne à la divinité, on fait une prière à l'Éternel et on se rend sur la place de la Révolution pour assister au brûlement des saints et des saintes, de tous les objets du culte, et pendant que les saints et les saintes brûlaient on dansait la *farandole*, on chantait la *Carmagnole*, le *Ça ira* et la *Marseillaise*. Après cela les autorités allèrent festoyer dans un banquet fraternel.

Des fêtes semblables eurent lieu dans toutes les localités du département, mais partout, à l'exception des démagogues, les populations chrétiennes se refusaient à ces réjouissances burlesques, criminelles, et continuaient à sanctifier le dimanche par la prière en secret dans la maison et par l'abstention du travail, ce qui irritait fort les patriotes.

Des arrêtés ordonnant le travail le dimanche pleuvaient de toutes parts. Le 11 messidor an 2 (29 juin 1794), « le Conseil permanent du District de Mauriac... Arrête :

« Tous les citoyens sont invités à travailler et principalement les ci-devant fêtes et dimanches. Tout oisif et fainéant sera regardé comme suspect et traité comme tel. Tout domestique qui, durant la récolte, quittera la maison à laquelle il est attaché et ce, pour raison de fanatisme, sera renfermé dans la maison de réclusion. Tout citoyen qui prendra un domestique sorti de chez un autre citoyen pour n'avoir pas voulu travailler les ci-devant fêtes et dimanches, sera aussi regardé comme suspect et traité comme tel. »

Le Conseil vote en même temps une adresse aux paysans. Pour faire voir jusqu'où va la sottise humaine, je la transcris ici en entier.

« Les administrateurs du district de Mauriac aux habitants des campagnes.

« Lorsque vous avez accepté la constitution républicaine, vous avez déclaré la guerre à tous vos oppresseurs ; ils étaient de plus d'une espèce: les uns s'appelaient rois, les autres seigneurs, les autres courtisans, les autres prêtres. Les sceptres, les couronnes, les signes de la féodalité, tous les emblêmes de l'esclavage et de la superstition sont détruits ; avec eux a dû s'effacer le souvenir des erreurs dans lesquelles vos tyrans avaient eu soin de vous nourrir.

« A l'amour de la royauté, au respect pour les grands et les riches, à la confiance et à la soumission pour les ministres d'un culte bizarre, enfant de l'imposture, a dû succéder l'amour le plus violent pour la République, l'enthousiasme le plus fort pour l'égalité, l'éloignement le mieux prononcé pour des habitudes superstitieuses, créées pour le profit des charlatans hypocrites qui vivaient du fruit de vos sueurs dans les palais du luxe, de la mollesse et de la volupté.

Ils vous faisaient croire ces hommes qui passaient leur vie à ne rien faire, que Dieu aimait, comme eux, l'oisiveté.

Ils vous disaient que ce Dieu, après six jours de travail, avait eu besoin de se reposer le septième ; vous aviez eu la simplicité de le croire ; vous vous imaginiez follement que votre Dieu était un prêtre, c'est-à-dire un fainéant et sous cette idée, vous auriez cru l'outrager de ne pas consacrer au repos le septième jour de la semaine.

Vous aviez encore d'autres jours de fêtes aussi bizarres et aussi ridicules, c'étaient les fêtes en l'honneur de ce que vous appeliez saints. Mais qu'étaient ces saints? Un vil ramas de papes et d'évêques couverts de crimes et de brigandages, une foule de stupides célibataires de l'un et de l'autre sexe, vrais assassins de la société, des légions de fous et d'extravagants qui, s'ils vivaient aujourd'hui, seraient relégués dans les petites maisons ou périraient sur l'échafaud destiné aux scélérats.

Eh bien ! c'est de tels hommes qu'on vous a fait honorer, c'est à de tels hommes que vous décerniez des couronnes célestes, que vous consacriez des fêtes, que vous faisiez des présents et des offrandes.

Nos chers amis. C'étaient vos pieux pasteurs qui, pour les frais de garde de leurs chères brebis, avaient imaginé ces contes de fée, connus sous le nom de vies des saints ; c'étaient eux qui vous tondaient pour se couvrir de vos dépouilles, qui s'embarrassaient peu de vous faire perdre un temps utile et précieux dans des farces et des jongleries scandaleuses, et de garnir votre cerveau de fables pourvu qu'ils eussent vos œufs, vos fromages, vos légumes et votre argent.

Vos églises sont aujourd'hui nettoyées de tout ce qu'il y avait d'impur ; vous les avez purifiées en les consacrant à l'Etre suprême et votre culte est celui des républicains, le culte de la vertu et de la probité.

Pourquoi donc chômer encore tant de fêtes ? Pourquoi perdre dans la fainéantise un temps que vous devez à la société ? Vos jours de fête doivent être les jours de Décade ; tous les autres jours que vous perdez sont un tort que vous faites à la patrie, un outrage que vous faites à Dieu qui n'aime pas les oisifs. Dieu nous a créés pour le travail ; on l'adore en travaillant ; lorsque vous remuez un champ, que vous fermez un héritage, que vous soignez une prairie, que vous faites votre commerce ou que vous êtes à l'atelier pour nourrir votre femme et vos enfants, vous lui rendez l'hommage le plus pur et le plus agréable.

Nos amis ; que les jours de décade soient donc rigoureusement célébrées ; ces jours-là réunissez-vous dans le temple de la Divinité ; passez ensuite dans des plaisirs et des jeux dignes de l'honnête homme, le reste de la journée et vous aurez bien servi Dieu. Que tout le reste du temps soit consacré au travail, que votre maison soit toujours l'asile de la vertu, de la justice, du bon exemple et du patriotisme, et vous aurez rempli vos préceptes de religion et vos devoirs envers la République.

Signé : Sauvat, président ; Delfraissi, Delmas, Duclaux, Puyraymond, Rigal, Henri Lalo, Célarier, Mailhes, Offroi, administrateurs ; Mirande, agent national ; Forestier, secrétaire.

Le culte de cette Raison, qui déraisonnait si bien, ne pouvait contenir longtemps les flots démagogiques qui menaçaient de tout emporter ; chacun se croyait le droit, d'après la Raison, d'agir selon ses caprices, ses désirs, ses intérêts, ses passions, sans égard pour les pensées, les désirs, les sentiments des autres et dans cet état de choses on comprend l'anarchie, le dévergondage qui devaient nécessairement régner dans la société. Le désordre monta si haut et descendit si bas que le tyran qui dominait alors sur tous les autres tyrans, Robespierre lui-même, épouvanté, fut obligé de penser et de croire que toutes les lois répressives seraient inefficaces pour contenir un peuple qui n'avait que la raison pour frein à ses passions déchaînées et qu'il fallait, sous peine d'un écroulement complet, ramener dans les esprits certaines idées religieuses, seules capables de contenir les flots anarchiques.

Il fit donc décréter, en mai 1794, l'existence de

l'*Etre suprême* et l'immortalité de l'âme. Ce nouveau Dieu ne réussit pas mieux que son prédécesseur et la formidable déroute ne fit que s'accentuer.

CHAPITRE VI.

VICTIMES DE LA RÉVOLUTION DANS LE CANTAL EN 1793 ET 1794. — FILHOL. — DELBÈS — BASSET — VEUVE FOURNIER. — DU THEIL. — ROQUES. — GUÉRY. — PUT. — MIGNARD. — DARÇON. — OFFROY. — VALENTIN. — TOURNIER. — BOUIS. — VAISSIER.

Durant les années 1793 et 1794, la rage des démagogues du Cantal ne s'acharna pas seulement à la guerre contre le culte religieux et la superstition, le célibat et les célibataires, le dimanche et les vases sacrés, les clochers et les églises, mais encore elle tourna toutes ses fureurs contre les citoyens honnêtes, les prêtres inoffensifs, les chrétiens fidèles et immola sur son sol ensanglanté de nombreuses et d'innocentes victimes.

Nous avons déjà raconté la fin tragique de l'abbé François de Fargues, de l'abbé de Faulat, des quatre de Noailles, de M. de Lastic, de M. de Montcelard, de M. d'Apchon, des deux Crussol d'Amboise ; nous avons signalé la mort de Dominique Bichon, de Guillaume Legrand, de l'abbé Bruel, de la Salle Rochemaure, du capucin Chauliaguet exécutés à Lyon ; de Mauriac, de Roumegoux, de Vitrac, exécutés à Bordeaux ; de Vaurs, de M. de la Tour, de Madame de Laronade exécutés à Aurillac, tous Cantaliens.

Nous allons compléter cette lugubre nomenclature :

François Filhol, né à Bouval, près de Pleaux, après son élévation à la dignité sacerdotale, devint précepteur des enfants de M. Ternat, de Mauriac, puis vicaire de Drugeac où la Révolution vint lui demander un serment schismatique qu'il refusa courageusement. Condamné donc pour ce fait à la déportation, il partit pour l'Espagne, mais désolé de laisser les fidèles sans pasteurs, il rebroussa chemin, se cacha dans les cantons de Mauriac et de Pleaux, fut saisi à Bouval, conduit à Mauriac, condamné à mort par une commission militaire et exécuté dans cette ville le 14 mai 1793. (1)

Marie-Joseph Delbès, curé de Saint-Urcize, prêtre fidèle et par conséquent proscrit, fut arrêté le jour de Noël pendant qu'il disait la

(1) M. l'abbé Lalande, du clergé de Saint-Flour, a écrit au long la vie de ce martyr.

messe, conduit à Aurillac, condamné à mort et exécuté le 31 décembre 1793.

Un garçon de 18 ans, Jean-Baptiste Basset, né à Murat, avait quitté ses montagnes et faisait à Paris l'humble métier de garçon perruquier. Au mois d'octobre 1793, à l'époque du procès de la reine, il fut impliqué dans un complot ourdi, disait-on, pour délivrer Marie-Antoinette. Le nombre des conjurés s'élevait, toujours d'après la rumeur publique, à quinze cents parmi lesquels, outre Basset, se trouvaient Armillon du Puy-de-Dôme, la veuve Fournier, son fils âgé de quinze ans, et Jérôme Pechet ; ces trois derniers étaient, comme Basset, originaires de Murat. Dix-huit prévenus furent arrêtés et conduits devant le Tribunal révolutionnaire de Paris.

« De l'examen des faits, dit Fouquier-Tinville dans son réquisitoire, il résulte qu'il a existé dans le mois de vendémiaire dernier une conspiration tendant à la dissolution du Corps législatif, à rétablir la royauté en enlevant la veuve Capet (la reine) de la Conciergerie. Le plan de cette conspiration était, à la faveur d'une émeute populaire, de s'emparer de la Convention, de l'Arsenal et de la Conciergerie... » Quatre prétendus conjurés, parmi lesquels Basset et la veuve Fournier, furent condamnés à mort et exécutés le 16 janvier 1894. (1)

Jean-Pierre du Teil, chevalier, baron du Teil, paroisse de Thiézac (Cantal), était lieutenant-général des armées du roi, commandant la ville et l'école d'artillerie d'Auxonne lorsque la Révolution vint briser sa brillante carrière. Arrêté comme noble et royaliste, il est conduit à Lyon et fusillé en février 1794. Son fils était aide-de-camp dans l'armée des princes. (2)

Jean-Baptiste Roques, chanoine prébendé de la collégiale de Montsalvy, sa ville natale, resta fidèle et, pour échapper à la mort, il simula la folie, mais ce stratagème ne réussit pas longtemps. Arrêté et conduit à Aurillac, il fut exécuté le 3 mars 1794.

Le *Moniteur* (tom. xx et xxi) nous signale la mort de quatre Cantaliens : J. Quéry, âgé de 30 ans, brocanteur à Paris, accusé d'un complot contre la République, condamné à mort par le Tribunal révolutionnaire de Paris le 21 mai 1794; Jean Put, marchand forain, arrêté à Douai, sous prétexte de conspiration, condamné par le même tribunal, le 30 mai 1794 ; Mignard, âgé de 26 ans,

(1) Tribunal révol. de Paris, t. 2, p. 360.
(2) Nobiliaire d'Auvergne.

natif de Saint-Flour, brocanteur, exécuté le 26 juin 1794 à Paris ; Jean Darçon, né à Brioude, âgé de 33 ans, scieur de long à Fontainebleau, exécuté le même jour que Mignard et pour la même cause, conspiration contre la sûreté publique.

Le 16 juin 1794 périrent également sur l'échafaud du tribunal révolutionnaire de Paris trois autres Cantaliens compris dans une fournée de trente-sept condamnés : Gérard Offroy, natif d'Aurillac, ci-devant secrétaire aux Invalides ; Joseph Valentin, de Saint-Flour, porteur d'eau à Paris et Gérard Tournier, de Saint-Clément, brocanteur, tous accusés d'avoir formé un complot « dont le but, dit Fouquier-Tinville dans l'acte d'accusation, était de s'emparer des citoyens qui gardaient la maison d'arrêt de Bicêtre, où ils étaient enfermés, de forcer les portes de ladite maison et d'aller poignarder les représentants du peuple, les membres du Comité du Salut public, de leur arracher le cœur, le griller et le manger et faire mourir les plus marquants dans un tonneau garni de pointes ».

Pierre Bouis, âgé de 31 ans, natif de Montmurat, était vicaire de Saint-Constant. Il se cacha dans l'Aveyron. Découvert et arrêté, il fut conduit à Rodez et là le tribunal criminel l'envoya à l'échafaud le 2 octobre 1794.

Nous avons maintenant une bien lugubre histoire à raconter. Il s'agit de cette guerre acharnée, atroce que fit le citoyen Sauret, maire de Chaudesaigues, au citoyen Vaissier, maire de Saint-Urcize. Dans cette lutte à mort, dans ce duel qui se termina par le triomphe du coupable et la mort de l'innocent, il y eut tant de fourberies et de scélératesses que le pays longtemps fut affolé d'épouvante.

Sauret, l'orgueilleux démagogue, jaloux de l'honnêteté, de la valeur intellectuelle, de la conduite irréprochable de Vaissier et de l'estime dont il jouissait, avait livré son cœur à des sentiments d'une haine implacable, ardente, qui se manifestait à toute occasion et qui marchait à son but, la mort de Vaissier, par n'importe quel chemin. Le premier coup porté fut une dénonciation d'embauchage ; Sauret accusa Vaissier d'avoir envoyé son fils en émigration à l'armée des Princes.

Cette accusation était-elle fondée ?

« Rien ne le prouve, dit l'abbé Roland dans une belle notice sur Vaissier ; la copie de dénonciation, que nous avons sous les yeux, affirme seulement que le fils du maire de Saint-Urcize,

Joseph-Alexandre, âgé de quinze ans, sous prétexte d'aller en commission à Saint-Chély, était parti pour l'émigration, et qu'un domestique de son père, nommé Bousquet, alla le rejoindre huit jours plus tard. De plus s'il était parti sur les instances de son père, pourquoi celui-ci ne l'aurait-il pas fait accompagner le jour même du départ, par Bousquet ? »

En outre, il n'est pas vraisemblable qu'un père ait envoyé un enfant de quinze ans, sans expérience, dans un pays inconnu pour y faire partie d'une armée encore mal organisée, à laquelle d'ailleurs il n'aurait pu rendre aucun service à cause de son âge.

Quoiqu'il en soit, le tribunal du District de Saint-Flour fut appelé à juger cette affaire, elle était grave, car le fait d'embauchage pour l'émigration était, d'après la loi, un crime puni de mort. Dans la crainte que l'accusé ne pût pas prouver son innocence, plein d'estime d'ailleurs pour le maire de Saint-Urcize, les juges Daude, Bertrand, Baldran, et l'administrateur du département, Vaissier, prirent un moyen qui sauva la tête de l'accusé mais qui mit la leur en grand péril.

Ils proposèrent à Sauret de substituer une dénonciation sans gravité à la dénonciation d'embauchage moyennant la somme de trois mille francs. L'infâme délateur accepta et Vaissier lui versa la somme convenue. L'accusation d'embauchage fut donc éloignée et pour cette fois le maire de Saint-Urcize eut la vie sauve. Mais le persécuteur ne désarma pas : « J'ai l'or de Vaissier, disait-il, il me faut encore sa tête. »

Plus tard, au mois d'octobre 1792, survinrent les troubles du canton de Chaudesaigues dont nous avons raconté les lamentables péripéties, auxquelles prit une grande part le sans-culotte Sauret. Celui-ci, nous l'avons dit, à la tête de bandes pillardes se porta à Saint-Urcize, saccagea la maison de Vaissier et mit sa tête à prix. Pour ces faits et gestes de Mandrin, Sauret fut condamné à seize ans de galères et à vingt-quatre mille francs de dommages-intérêts envers Vaissier.

Sauret s'était échappé et, comme Caïn, fuyait de ville en ville nuitamment, en cachette, le cœur gonflé d'un orage de haine et de fureur, ruminant des projets de vengeance. Plusieurs mois se passèrent ainsi.

En mai 1793, la Lozère se soulève. Charrier lève l'étendard de la liberté dans ce pays écrasé par la tyrannie révolutionnaire.

Un frère du maire de Saint-Urcize, appelé

Vaissier-Beauregard, prend part à l'insurrection ; sa sœur Marguerite et son frère Jean-Jacques sont accusés de complicité, mais bientôt reconnus innocents. Nous lisons en effet dans le procès-verbal de la séance du 14 juin 1793, de la municipalité de Saint-Flour « que le tribunal criminel du département, séant à Saint-Flour, acquitte Jean-Jacques Vaissier et sa sœur Marguerite, des délits de complicité à la révolte et d'avoir fourni des vivres à l'armée de Charrier, mais que pour fait de suspicion, il avait ordonné que les susdits inculpés seraient retenus en prison ».

Vint l'année 1794 et avec elle arriva dans le Cantal le représentant du peuple Bô qui, en parfaite communauté d'idées avec Hébrard et les autres membres du Comité créé par Delthil, redonna à la terreur un degré de terrible intensité.

Enhardi par cette recrudescence de fureur démagogique, Sauret comprit que l'heure de la revanche était venue et, sortant de sa retraite, il demanda à paraître devant le tribunal pour y purger sa contumace.

Les magistrats renvoyèrent l'affaire au 6 juillet 1794. Au jour dit, Sauret se présente devant le tribunal criminel, séant à Aurillac, et, avec une astucieuse habileté, il cherche à se disculper. Vaissier, appelé comme témoin, rappelle les concussions, les pillages à main armée du maire de Chaudesaigues à Saint-Urcize et dans les paroisses voisines.

Sauret écume de rage. Son exaltation lui suggère un moyen de triomphe; c'est de renouveler contre son rival l'accusation d'embauchage. En effet, en pleine séance, d'accusé devenant accusateur, il dénonce Vaissier comme ayant fait émigrer son fils, correspondu avec les émigrés et fourni des vivres à l'armée de Charrier. Il ajoute qu'à la vérité sa première accusation n'avait pas eu de suite parce que, sur le conseil des juges, il s'était désisté de la poursuite moyennant la somme de trois mille francs que Vaissier lui avait comptés, qu'il en avait le plus vif regret et que pour réparer cette faute honteuse et lâche, il renouvelait son ancienne dénonciation.

L'affaire tournait au tragique. Hébrard, les juges, les jurés, hommes de rapine et de sang, se trouvant fort disposés en faveur de Sauret, demandent, par la voix de l'accusateur public, l'arrestation immédiate de Vaissier et sa mise en jugement. Le malheureux maire de Saint-Urcize passe en effet au banc des accusés, tandis que Sauret est acquitté. Il essaie de se défendre.

« Je le reconnais, dit-il, mon fils est parti, mais sans mon consentement, sans m'en prévenir. Son départ m'attriste et m'afflige, car que peut-il devenir à quinze ans, sans guide et sans expérience ? Un de mes anciens domestiques a eu l'intention de le rejoindre, il m'en a fait part ; ici encore je n'ai rien conseillé, rien ordonné ; je l'ai engagé à bien réfléchir avant d'émigrer et à se défier de ses vingt ans. Bousquet a réfléchi et a persévéré dans sa première résolution. Je l'ai fait asseoir à ma table, lui ai remis quelque monnaie pour mon enfant, car peut-être il meurt de faim. Est-ce de l'embauchage cela ? »

Tout est inutile ; c'est un parti pris. Vaissier est condamné à mort et ses biens confisqués au profit de la nation. Le jugement est daté du 18 messidor an 2 (6 juillet 1794), signé : Hébrard, président ; Mailhes, Bory, Roux, juges ; Palis, greffier.

M. Ipcher, de Saint-Urcize, beau-frère du condamné, se trouvait alors à Aurillac ; il demanda et obtint l'autorisation de visiter l'infortuné Vaissier dans sa prison. « Je fus étonné, racontait-il plus tard, de son calme et de sa résignation ».

Le condamné lui confia, pour sa femme et ses enfants, une lettre dans laquelle il épanche toute son âme de vrai chrétien et termine par ces mots : « Adieu donc, ma trop bonne amie, prie Dieu pour moi ; si j'ai le bonheur d'être agréable à Dieu, je l'invoquerai pour vous tous ; répondez-y de votre côté. Adieu, je t'embrasse.

Vaissier. »

L'heure suprême est arrivée. — « Il faut quitter votre cellule » dit le geolier. — « Que la volonté de Dieu soit faite ! répond Vaissier, en se levant, si je n'étais innocent, je serais à cette heure le plus malheureux des hommes ; le témoignage de ma conscience me console. »

Il monte sur l'échafaud.

« Justice est faite ! » s'écrie l'horrible Sauret. Mais la foule indignée répond par un immense murmure d'indignation.

— « Que penses-tu de l'exécution de Vaissier ? » demandait Hébrard à M. Ipcher. — « Je pense, répondit celui-ci, que le tribunal criminel a fait exécuter un parfait honnête homme. » — « Tu crois ? » reprit Hébrard. — « J'en suis convaincu ! » repartit Ipcher. Et sur ce on se sépara.

« Hâte-toi de quitter Aurillac, dit à M. Ipcher, un de ses amis, sinon tu seras arrêté et peut-être exécuté avant qu'il ne soit nuit. »

Le Conseil était prudent. En effet, par

ordre d'Hébrard un mandat d'arrêt fut lancé contre Ipcher. Celui-ci dépista la police et se sauva. (1)

Quinze jours après l'exécution de Vaissier, le même tribunal révolutionnaire faisait couper la tête à M. de La Tour et à Mme de Laronade.

(1) Notice sur M. Vaissier, par l'abbé Rolland, vicaire de Saint-Urcize. — Boudet — Archives de St-Flour et d'Aurilac.

CHAPITRE VII

RÉVEIL DE L'OPINION PUBLIQUE CONTRE LE COMITÉ RÉVOLUTIONNAIRE. — LUTTE ENTRE LES MODÉRÉS ET LES TERRORISTES. — DIVERSES ARRESTATIONS ET DIVERS JUGEMENTS. — MADAME DE NASTRAC. — CONDAMNATION DE BOUDIER A 20 ANS DE FERS.

Dans les chapitres précédents nous avons parlé de l'anarchie qui régnait dans les administrations du Cantal durant les années de la terreur 1793 et 1794; nous avons raconté les exploits du Comité du Salut public d'Aurillac; les faits et gestes du Comité révolutionnaire, les atrocités de Châteauneuf à Saint-Flour, la destruction de l'Eglise constitutionnelle, l'établissement de la religion de la déesse Raison et de l'Etre-Suprême, enfin nous avons compté le nombre des victimes de la Révolution dans le Cantal jusqu'à l'année 1794 inclusivement. Poursuivons et achevons l'histoire du Comité révolutionnaire.

Le Comité révolutionnaire fut dissous officiellement à la fin de décembre 1793, mais les terroristes qui le composaient restèrent unis par les liens d'un double intérêt personnel, premièrement pour se défendre plus efficacement contre les attaques qu'ils prévoyaient devoir fondre sur eux, secondement pour continuer plus facilement la série de leurs escroqueries.

En janvier 1794, le représentant Bô, envoyé dans le Cantal pour y tenir en ébullition la chaudière révolutionnaire, arriva à Aurillac et alla loger chez Hébrard. C'était bien là le sanctuaire des démocratiques inspirations.

« Lorsque le représentant Bô vint dans le Cantal, dit Guitard, les intrigants, qui s'étaient connus au Comité révolutionnaire, se coalisèrent de plus belle pour empêcher qu'on ne recherchât leur conduite passée et pour se ménager les moyens de la continuer impunément à l'avenir. Ils étaient dans les administrations, dans les tribunaux, à la tête de la Société populaire et ils jouissaient pleinement aux yeux de la multitude d'une popularité dangereuse pour ceux qui auraient tenté de les démasquer. Le représentant fut donc forcé de tomber dans leurs pièges parce qu'il lui fut impossible de s'adresser nulle part sans qu'ils ne fussent là pour répondre. Il eut beau consulter le peuple, prendre dans la Société populaire une commission épuratoire, il fut trompé. Les coalisés, qui ne le quittaient pas et qui parlaient plus haut que les autres, parvinrent à conserver leurs places et à les ôter à ceux qu'ils redoutaient pour en gratifier leurs créatures... Ils ajoutèrent à leur infâme trafic deux nouvelles branches d'un commerce abominable : la vente des jugements et la fabrication des fausses lettres.

Le tribunal criminel eut son tarif d'impunité ; la balance de la justice n'a plus baissé ou haussé qu'au poids de l'or. Ce n'est plus le crime qu'on a puni, c'est le défaut de fortune.

Le bureau de la poste aux lettres est devenu dans les mains des fripons un moyen de concussion et de crime. Ceux qui étaient chargés d'arrêter les correspondances suspectes n'ont pas seulement violé la foi publique en ouvrant sans distinction toutes les lettres, en interceptant les secrets de toutes les familles, ils ont porté dans plusieurs la désolation et la terreur. On a fabriqué des lettres supposées venir des émigrés ; de faux timbres y ont été apposés ; c'est avec de pareilles œuvres de ténèbres que d'habiles entremetteurs sont parvenus à escroquer des sommes considérables des citoyens que l'adresse des lettres mettait dans la cruelle alternative de donner leurs assignats ou d'exposer leurs têtes.

C'est ainsi que le coquinisme, assuré d'avoir des protecteurs et des complices parmi les dépositaires de l'autorité et de la confiance publique, a impunément atteint le dernier degré de perfection. »

Les memres du Comité révolutionnaire continuèrent donc leurs méfaits. Ils avaient trouvé dans le représentant Bô l'homme facile, complaisant, tel qu'il le leur fallait pour l'accomplissement de leurs desseins.

A leur instigation, Bô, par des arrêtés successifs, épura les administrations, éloignant leurs adversaires et appelant leurs affidés. En outre, pour maintenir la terreur à son paroxisme dans le pays, il s'acharna de plus en plus à la destruction de tout ce qui rappelait les idées religieuses

Il ordonna la démolition des clochers qui étaient encore debout, l'abjuration des prêtres, leur éloignement de la paroisse, le brûlement des objets religieux. Il parcourait lui-même le département, prêchant le culte de la déesse Raison, abattant les croix, fermant les églises ; il allait, ce fanatique en démence, jusqu'à arracher lui-même aux femmes le *saint-esprit*, c'est-à-dire, la croix qu'elles portaient suspendue au cou selon l'usage d'alors.

Enfin pourtant cette tyrannie sauvage, ces concussions et ces agissements ténébreux et violents réveillèrent l'esprit public, le révoltèrent, l'irritèrent et quelques hommes courageux résolurent d'arrêter, s'il était possible, ce débordement de scélératesse.

Dolivier, Latapie, Lakairie, Guitard, Vanel, Vaissier furent de ce nombre. Ils commencèrent la lutte par des dénonciations, par des attaques indirectes, par des discours dans le sein des Sociétés populaires, par des lettres anonymes où ils racontaient les méfaits de ces hommes de proie, cherchant ainsi à soulever contre eux l'indignation générale. Cette lutte devint vive entre les deux partis ; on s'accusait mutuellement, on se menaçait, on s'excommuniait.

Pour effrayer les opposants, Bô ordonna de nombreuses arrestations dans toutes les classes de la société. D'abord il fit emprisonner Latapie, sous prétexte qu'il avait dit qu'il serait bon de poignarder trois ou quatre de ces fripons. Le parti adverse cria plus fort, disant que Latapie avait été arrêté parcequ'il démasquait les escrories de la bande.

A ces cris Bô répondit en lançant, le 11 février 1794, des mandats d'arrêt, non contre les puissants du parti modéré qu'il redoutait sans doute, mais contre des personnes inoffensives dans le but de semer de plus en plus l'effroi dans le pays. Voici les noms de ces personnes incarcérées.

— François-Louis de Faulat, de Marcolès.

— Elisabeth-Françoise Laroche, épouse de Louis de Faulat, native de Saint-Flour.

— Thérèse-Françoise Gauthier, veuve de Jean-Baptiste de Laroche, domiciliée à Saint-Flour, mère de madame de Faulat.

— Sœur Laroche, supérieure du couvent de Notre-Dame de Saint-Flour.

— Sœur Cécile Latapie, religieuse de la Visitation d'Aurillac.

— Sœur Rose-Augustine de Rochemonteix de Nastrac, supérieure du couvent de la Visitation d'Aurillac.

On les accusait de complot contre la République, d'avoir discrédité les assignats, d'avoir correspondu avec les émigrés, etc. M. de Faulat avait, disait-on, porté secours à l'armée de Charrier. Les religieuses Latapie, Laroche, de Nastrac avaient brodé des *sacrés-cœurs*, qu'elles avaient envoyés aux émigrés qui s'en servaient comme signe de ralliement.

Rose de Nastrac était accusée en outre d'encourager par lettres ses anciennes religieuses, leur disant que la contre-révolution s'opèrerait bientôt et qu'elles pourraient se réunir dans leur ancien monastère ; elle aurait encore, selon ses accusateurs, enlevé et caché les titres féodaux, portant inscription des rentes et redevances de son couvent de la Visitation.

Dans les premiers mois de 1794, de nombreuses arrestations furent encore faites parmi lesquelles nous signalerons celles de Lapachevie, d'Aurillac, de Casse, de Montsalvy, et de Roque, ce chanoine de la collégiale de Montsalvy, que Bô, ses affidés et les juges sans-culottes et sans conscience firent exécuter à Aurillac, le 3 mars 1794.

Les terroristes triomphaient.

Sept jours après l'exécution de Roques, le 10 mars, les prisonniers que nous avons nommés dans l'article précédent furent mis en jugement et parurent devant le tribunal présidé par Hébrard ; on leur donna pour défenseur le jeune Guitard, auteur de la *Révolution du Cantal*.

Malgré la pression qu'exerçait toute la sansculotterie d'Aurillac sur les juges, les jurés, les témoins, le tribunal intimidé par l'opinion publique qui se prononçait de plus en plus contre le terrorisme, acquitta quatre des accusés, mais regardant la Révérende Mère de Nastrac comme plus coupable, il la condamna à cinq ans de réclusion et à être exposée préalablement aux regards du peuple, pendant six heures, sur la place publique d'Aurillac, attachée à un poteau, ayant au-dessus de sa tête un écriteau portant son nom, sa profession, son domicile, la cause de sa condamnation et le jugement rendu contre elle.

Le 5 avril 1794, elle subit ce supplice avec une chrétienne résignation. Pendant qu'elle était au poteau, une personne compatissante vint lui offrir une tasse de chocolat ; mais le brutal citoyen, préposé à sa garde, ne permit pas que le cordial fut donné à la victime.

Plus tard ce gardien, pour quelque méfait, fut condamné à la même peine. Au moment où il la subissait, madame de Nastrac accourut et lui présenta une tasse de chocolat prouvant ainsi sa charité et son oubli des injures.

Vers la même époque, toujours sous la pression de l'opinion publique, le tribunal acquitte Lapachevie et Casse, nouveau triomphe pour les modérés, mais cause de nouvelles irritations pour les terroristes. La lutte continuait.

Devenus plus hardis par les victoires remportées sur leurs adversaires, ne se laissant point intimider par leurs menaces ouvertes et leurs trames secrètes, Dolivier, Vanel, Vaissier accusent hardiment d'escroquerie trois des plus vilains terroristes Aigueperse, Valette et Boudier cadet; ils les dénoncent au tribunal et forcent celui-ci de les mettre en jugement. De nombreux témoins sont appelés ; les terroristes font jouer tous les ressorts de leur astucieuse fourberie et parviennent à faire acquitter Aigueperse et Valette. « Le jury sauva Aigueperse en déclarant que, par impéritie et sans mauvais dessein, il avait laissé égarer des deniers de la République. Il fut donc acquitté, mais sur l'invitation de la Société et de l'agent national, il versa dans la caisse du District onze cent et quelques livres qui formaient le déficit. Des commissaires qui avaient été envoyés sur les lieux de ses vexations étaient revenus convaincus de ses dilapidations. » (*Révolution du Cantal*, page 3).

Valette accusé des mêmes crimes fut acquitté pour la même raison. Mais on ne put faire absoudre François Boudier, tellement étaient évidents et nombreux les cas de vol, de fraudes, de faux, et de criminels agissements ; il fut condamné à vingt ans de galère. Grand émoi, fureur extrême dans la bande des fripons. Ils ne peuvent accepter cette condamnation, Hébrard lui-même la regrette et s'excuse d'avoir prononcé la sentence.

Il écrivit au frère du condamné, qui se trouvait alors à Paris, la lettre que voici :

« Mon cher Boudier. Tout est ici dans la terreur, l'affaire de ton frère a pris dans la Société une couleur toute différente. Ceux qui l'accusaient ont l'air de le plaindre ; ceux qui ne faisaient que le plaindre demandent aujourd'hui à le venger. Je le soutins contre mes collègues qui s'obstinèrent dans l'opinion contraire. L'accusateur public, d'après la déclaration du jury, n'avait rien à dire ; cependant il conclut à l'application de la peine. Le tribunal peut être blâmé et doit l'être et fallut-il que son président payât de sa personne, il s'y voue avec résignation. Cependant, mon cher Boudier, j'ai fait pour l'accusé tout ce que la justice exigea de moi ; il n'a pas tenu à moi qu'elle lui ait été rendue. Tu as les détails de tout ce qui s'est passé. Ainsi sois juste à ton tour. Par exemple tu as fait quelque chose de fort mauvais et un lèse-amitié en faisant passer les juges du tribunal pour des contre-révolutionnaires. Tu n'as pas d'idée des désagréments que cette inculpation m'a fait éprouver. D'où vient que ce coquin de Dolivier n'est pas arrêté ainsi que Roux, Gamet, Cheylus et Gauthier fils (témoins à charge)? Le peuple est ici préparé à ce coup trop longtemps attendu. Il sera prouvé qu'ils ont voulu l'insurger contre les patriotes de 1789, contre tous les fonctionnaires ; il sera prouvé qu'ils ont voulu allumer la guerre civile à Aurillac. Encore un coup et ça ira au mieux. Hébrard. »

Evidemment le coquinisme ne pouvait acquiescer à la condamnation de Boudier. Allumés par les attaques sans cesse renouvelées de leurs adversaires et craignant de voir déchirer entièrement le voile dont un coin est déjà levé, les membres de l'ancien Comité révolutionnaire se mettent à conspirer de leur mieux, à chercher des moyens de défense et s'arrêtent au projet désespéré de la mort de tous les accusateurs de Boudier. Désormais tous leurs efforts tendent à cette fin. Ils trouvent de nombreux auxiliaires.

La Société populaire d'Aurillac, qui avait écrit à la Convention contre Boudier, effrayée par *la grande colère de Carrier*, voulut réparer sa prétendue sottise, en essayant maintenant de procurer la délivrance du coupable.

Milhaud, aîné, avait fait tous ses efforts pour préserver son ami de la condamnation ; en plein tribunal, il avait traité les témoins de contre-révolutionnaires ; il avait parlé contre eux avec une telle fureur qu'Hébrard lui-même avait été obligé de le rappeler à l'ordre. Il continua avec la même audace à travailler à la délivrance de Boudier, à la revision de son jugement, aidé dans ses efforts par Salsac, Carral, Boisset, Bonnefons, Carrier et plusieurs autres de la bande. Ils menacent Vanel, Lakairie, Vaissier qui avaient déposé contre Boudier, Dolivier qui l'avait dénoncé.

Bonnefons court à Paris, se joint à Boudier aîné, qui se trouvait dans la capitale, et ils font ensemble mille démarches pour obtenir la délivrance du condamné.

« Ces deux êtres immoraux, dit la *Révolution du Cantal*, entourent le représentant Carrier et soit qu'ils le trompent, soit que par leurs anciennes relations d'état ou par son humeur naturelle, il soit disposé à les servir, ils combinent ensemble l'exécution du plus horrible forfait concerté avec le surplus de la bande restée dans le Cantal. On peint Boudier à la Convention comme un patriote persécuté par les contre-révolutionnaires ; on atteste sa probité ; on surprend un sursis à son jugement. »

Carrier était d'ailleurs furieux contre le tribunal d'Aurillac et les jurés qui avaient acquitté Lapachevie, de Faulat, Casse, les religieuses Laroche, Latapie, quelques autres et n'avaient condamné qu'à quelques années de prison madame de Nastrac qui, disait-il, avait mérité la mort.

Il entra dans les vues de la coalition et par conséquent faire casser tous ces jugements, obtenir la réintégration des acquittés dans les prisons, faire condamner madame de Nastrac à une plus forte peine et obtenir l'annulation du jugement qui condamnait Boudier à 20 ans de fers, telle fut son idée fixe, sa ferme résolution.

Dans ce même but, la Société populaire d'Aurillac se réunit plusieurs fois ; dans sa séance du 11 mars, elle rédigea une pétition au représentant Bô tendant à faire casser le jugement *de la Nastrac*, à renvoyer les autres acquittés au tribunal de Paris et à faire arrêter les jurés qui, dans ces jugements, avaient déclaré qu'il n'était pas constant qu'il y eût, dans l'esprit des accusés, projet contre-révolutionnaire et qu'ils y eussent participé.

Fidèle serviteur de la coalition terroriste, Bô ordonna l'arrestation des jurés Bertrand, de Vic, Bernet, de Saint-Flour, Charmes, notaire, Bertrand Laurent, Bonnet, d'Allanche, et Adrien, horloger à Aurillac. Les autres jurés furent laissés libres sous prétexte qu'ils n'étaient coupables que d'avoir adhéré à la décision de leurs collègues susnommés. Voilà une partie du plan exécuté ; le reste arriva.

En effet, les députés Carrier et Milhaud, ayant toutes les pièces en main, s'adressèrent à la Convention, et firent si bien que la Convention, par l'intermédiaire de son Comité de sûreté générale, décida que les jugements seraient annulés et que les acquittés Lapachevie, Casse, de Faulat, Madame de Nastrac, les religieuses Lathelize et Laroche, la veuve Laroche, la dame de Faulat, etc., seraient de nouveau mis en accusation ; cela fut exécuté, et pour qu'ils n'échapassent pas, cette fois, les accusés furent condamnés à être envoyés au Tribunal révolutionnaire de Paris, c'est-à-dire à la mort.

Le jugement de Boudier fut également annulé et le démagogue mis en liberté. Le triomphe des coalisés était complet. Mais les adversaires ne perdirent pas courage. N'espérant aucune justice du tribunal d'Aurillac, ils provoquèrent contre Boudier un jugement du tribunal du Puy-de-Dôme ; ils l'obtinrent et le premier jugement d'Aurillac fut confirmé par le tribunal de Clermont. Arrêté donc de nouveau, Boudier fut envoyé à Toulon pour y subir sa peine de 20 ans de galère.

Arrivé à Nîmes, il trouve moyen, en faisant le

malade, de s'échapper des mains des gendarmes et il s'enfuit à Paris où il espère obtenir sa liberté et revenir dans le Cantal pour y *faire danser le carmagnole* à ses accusateurs. Son plan n'ayant pas réussi, il vint *incognito* dans la cité d'Aurillac. *Ayant fait du tapage* dans la maison où il se cachait, un voisin le dénonça et le 3 vendémiaire an IV (25 septembre 1795), il fut appréhendé et conduit dans une maison d'arrêt où il trouva moyen de mener joyeuse vie. Plus tard il profita d'une amnistie et fut mis en liberté.

La nouvelle condamnation de Boudier par le tribunal correctionnel du Puy-de-Dôme jeta les terroristes dans une fureur extrême. Alarmés des accusations portées contre plusieurs de leurs coassociés et des révélations qui peuvent être faites dans l'avenir sur leurs dilapidations et escroqueries, pour fermer la bouche à leurs adversaires, les réduire au silence et les mettre dans l'impossibilité de leur nuire, ils trament un vaste complot qui en sauvant leur liberté et leur vie conduira leurs adversaires à la mort.

CHAPITRE VIII

LE GRAND COMPLOT. — LISTE DES 160 PROSCRITS. — LA COMMISSION RÉVOLUTIONNAIRE DU CANTAL. — SES EXPLOITS. — ENVOI DES PRISONNIERS A PARIS. LE 9 THERMIDOR.

Le grand complot, tramé par les terroristes, consistait à demander et à obtenir de la Convention l'arrestation et la mort de tous leurs adversaires, hommes, femmes, prêtres, nobles ou roturiers. Le plan était vaste, radical. Il eut d'abord un plein succès.

De concert avec ses affidés de Paris et d'Aurillac, Carrier, le chef puissant de la coalition, fit une liste de proscrits, intitulée : « Liste des gens suspects, contre-révolutionnaires et conspirateurs du District d'Aurillac, close le 3 juin 1794). Elle porte le nom d'environ 160 citoyens ou citoyennes, presque tous du District d'Aurillac, parce que les fripons, dit Guitard, ne trouvaient de prétendus contre-révolutionnaires que dans ce District ; c'était là qu'on commençait à faire la battue contre eux et que leur camarade Boudier avait été condamné à vingt ans de fers.

Plus tard on ajoute des suppléments à cette liste, voulant, disait-on, purger la République de tous les ennemis qui en déchiraient l'intérieur.

A côté de chaque nom fut ajoutée une note accusatrice dans un style boulevardier, burlesque. Pour avoir la vérité, il faut prendre le contre-pied de ce que disent ces notes. (1)

Carrier présente cette liste formidable au Comité de sûreté générale de la Convention, disant que les individus qui y sont inscrits sont des contre-révolutionnaires qui oppriment les patriotes du Cantal, qui veulent l'emprisonnement et la mort de leurs plus chauds partisans.

Cette dénonciation produisit un tel effet sur la Convention que, le 28 prairial an 2 (16 juin 1794), par l'intermédiaire de son Comité de sûreté générale, elle ordonna l'incarcération des cent soixante proscrits et délégua Brugoux, d'Arpajon, juge de paix des campagnes d'Aurillac, pour faire effectuer ces arrestations, avec autorisation de s'adjoindre tout autant de patriotes qu'il jugerait nécessaires à l'accomplissement de sa mission.

(1) Voir cette liste aux pièces justificatives, n° 1.

Voilà donc Brugoux constitué potentat absolu, maître de la vie de ses concitoyens : les administrateurs devaient s'incliner devant son omnipotence. Soutenu à la Convention par les députés Carrier et Milhaud, il usa de son pouvoir avec hardiesse et brutalement. Il s'associa les plus forcenés démagogues du pays et, s'il prit quelques hommes honnêtes, il les prit tels, dit Guitard, qu'ils ne fussent pas assez courageux, ni assez clairvoyants pour être opposants, mais assez probes pour que leur probité servît de manteau aux actes sans pitié qu'il méditait. Carrier l'exhorta à s'adjoindre tout d'abord le capitaine Milhaud, frère du député, disant que c'était aux Arpajonnais, qui avaient commencé la Révolution, à la finir. Brugoux volontiers accéda à ses désirs.

Cette association de patriotes expérimentés dans l'art d'exercer le coquinisme prit le nom de *Commission révolutionnaire du Cantal*. Les noms des associés, dont plusieurs avaient fait partie du Comité révolutionnaire, méritent de passer à la postérité. Les voici :

Brugoux, officier de santé, juge de paix à Arpajon, président ;

Milhaud, capitaine de gendarmerie à Aurillac ;

Salsac, expert, notaire, administrateur du département ;

Hébrard, président du tribunal correctionnel ;

Dèzes, notaire à Maurs, juge du District d'Aurillac ;

Manhes, ex-procureur, administrateur du District d'Aurillac ;

Vaurs, administrateur du District d'Aurillac ;

Fau, notaire, agent national du District d'Aurillac ;

Vidal, expert, notaire, administrateur du District d'Aurillac ;

Valette aîné, ex-procureur, président du tribunal de Salers ;

Mirande, agent national du District de Mauriac ;

Grandet, notaire, agent national du District de Saint-Flour ;

Mazard, peintre, membre du Comité révolutionnaire du District de Saint-Flour ;

Boisset, ex-homme de loi, administrateur du département ;

Rouquier, de Maurs, chef du bureau des émigrés, au département,

Carral, juge de paix à Cernin (Saint-Cernin) ;

Sanitas, agent de l'ex-noble Bassignac, maire de Loupiac ;

Valarcher, notaire, agent national du District de Murat;

Malhes, négociant, juge du tribunal de commerce d'Aurillac;

Courboulès-Montjoli, maire de Martin-Valmeroux;

Laden, marchand à Viste;

Chablat, juge de paix à Aurillac;

Ayrolles, commis au département, secrétaire de la commission révolutionnaire.

Noms des individus désignés par les pièces comme agents ou complices:

Boudier, cadet, administrateur du District d'Aurillac, membre de l'ancien Comité révolutionnaire, condamné à vingt ans de fers;

Manhes, fils aîné, d'Aurillac;

Boudier, aîné, lieutenant de gendarmerie à Maurs;

Dilhac, membre du Comité révolutionnaire du District d'Aurillac (1).

Alary, cadet, ex-procureur à Aurillac;

Pertus, ex-employé à la recette, membre du Comité révolutionnaire du District d'Aurillac;

---

(1) Outre le grand Comité révolutionnaire qui d'Aurillac étendait son influence sur tout le département, il y avait dans chaque District un petit Comité révolutionnaire.

Aigueparse, membre de l'ancien Comité révolutionnaire ;

Delthil, ci-devant délégué du représentant Taillefer ;

Milhaud, cadet, brigadier de gendarmerie à Maurs ;

Claude Darses, de Maurs,

Lacroix, fils, membre du comité de surveillance de Laroquebrou ;

Frégeac, membre du comité de surveillance de Laroquebrou ;

Valette, cadet, commandant de l'armée révolutionnaire ;

Après avoir donné cette liste, Guitard fait la réflexion suivante que nous devons reproduire ici :

« Ceux qui n'ayant rien à se reprocher verront leur nom dans cette liste n'en doivent pas être alarmés. Le peuple aime à espérer que beaucoup seront reconnus innocents ; mais dès que tous ont eu des relations ensemble, chacun, loin de se plaindre d'être compris dans la même discussion, est intéressé à ce qu'elle ait lieu, de manière qu'il soit bientôt et facilement lavé des soupçons qui pèsent sur tous. »

Cette réserve faite, disons les exploits de tous ces hommes enclins à la rapine qui, réunis en corps, délibérant dans l'ancien couvent de Notre-Dame, savouraient à loisir, dit Guitard, la désolation et le désespoir des familles, qu'ils plongeaient dans le deuil, altérés qu'ils étaient de la soif de leurs assignats. Les membres de l'ancien Comité révolutionnaire apportaient à la Commission les mêmes inclinations honteuses, la même perversité, heureux dans les dilapidations, habiles dans les combinaisons ourdies pour la perte de ceux qui leur déplaisaient.

C'est vers le milieu du mois de juin 1794 que la Commission commença ses opérations.

D'abord par ses ordres, treize citoyens : Dolivier, Vaissier, Vanel, Lakairie, le comte de Sartiges, Madame la marquise de Fontanges, M. de Faussanges, ancien procureur du roi à Salers, M. Decours, M. de Falvelly, prêtre, M. Larguèze, médecin, la comtesse de Laronade (on ne nomme pas les autres), furent arrêtés et le 14 messidor (2 juillet 1794), le Comité de Sûreté générale de la Convention ordonna leur translation dans la prison de la Force à Paris pour y paraître devant le Tribunal révolutionnaire où le féroce Coffinhal, ami de Boudier, les attendait, tandis que Boudier, dit Guitard, condamné à vingt ans de fers, se livrait à des orgies dans les commodes appartements de la maison de justice à Aurillac et se promenait scandaleusement en plein jour.

Vaissier avait échappé aux gendarmes. Plus tard il se présenta à Saint-Flour devant le représentant Musset qui lui accorda son élargissement provisoire, enfin le Comité de Sûreté générale, après la mort de Robespierre, lui accorda sa pleine liberté. Quant à Madame de Laronade, on revint sur le décret qui l'envoyait à Paris; elle fut retenue et guillotinée à Aurillac.

L'arrestation des treize, dont douze envoyés à Paris, ne contenta pas la Commission. Elle fit faire de nouvelles arrestations et le représentant Borie étant venu à Aurillac, elle obtint de lui l'ordre d'en faire partir dix-sept autres pour Paris « et pour mettre le comble à la terreur, dit Guitard, elle affecte de répandre le bruit qu'à son retour Borie doit signer une troisième liste, bien plus nombreuse que les précédentes. Des lettres sont écrites à ses agents dans les principales communes pour demander de nouvelles listes. Les meilleurs patriotes de toutes les classes, de toutes les professions sont désignés, publiquement menacés ; on leur fait conseiller de se taire, c'est-à-dire de ne *pas crier aux fripons.* »

De temps en temps Brugoux convoque la

bande, elle s'assemble avec ostentation, décrète des arrestations, rédige des notes accusatrices, fait de nouvelles listes de proscrits, demande l'élargissement de ses amis et trame la mort de ses ennemis.

« Telle est la frayeur que produit la nouvelle de ces tables de proscription, dit Guitard, que l'amitié, la parenté, la pitié, la reconnaissance, tous les liens qui unissent les hommes sont rompus et l'affreuse terreur convertit en prisons les asiles des citoyens. »

Pendant que les gendarmes et les gardes nationaux sont à la poursuite des cent soixante proscrits, les membres de la dite bande écrivent à leurs amis de Paris, à Carrier, à Boudier aîné, à Bonnefons, à Milhaud, et ceux-ci à leur tour leur envoient d'intéressants détails sur les prisonniers qui arrivaient dans la capitale.

Le 11 juillet 1794 (23 messidor), Bonnefons écrivait de Paris à Hébrard ; «... Personne de plus surpris que moi de voir entrer chez Carrier Gamet que je me fis un plaisir d'accompagner. Notre conversation ne roula que sur les arrestations qui doivent se faire à Aurillac. Gamet, peu satisfait de l'accueil de notre bon représentant Carrier, fut bien plus surpris d'apprendre que parmi les arrêtés se trouvaient Vaissier, Vanel, Dolivier, Lakairie et autres, qui n'avaient cherché qu'à désorganiser la machine pour opérer la contre-révolution à Aurillac. Ce mot *autres* fit une telle révolution dans ses sens qu'il ne put s'empêcher de me dire qu'il lui tardait de s'en revenir. Ce soir même je soupai avec lui et je lui parlai du Tribunal révolutionnaire qui ne mettait pas moins d'activité que de rigueur contre toutes les personnes convaincues de contre-révolution. Je ne négligeai pas non plus de lui dire que je croyais qu'il y en aurait à Aurillac de traduits et, après avoir longtemps discuté soit sur les arrestations soit sur le Tribunal révolutionnaire, mon cœur ne peut plus tenir et je lui dis franchement que si Vanel, Vaissier et Dolivier arrivaient à Paris, dans trois jours ils seraient guillotinés... Sois toujours, mon cher Hébrard, l'appui des bons montagnards d'Aurillac; je désirerais y être pour me placer sur le haut du Saint-Rocher (la Commission) et m'unir aux braves sans-culottes Milhaud, Salsac, Boisset et autres, pour terrasser le reste des conspirateurs qui n'ont pour armes que le crime. Bonnefons. »

Le même jour Carral écrivait à Hébrard :

« Le brave Cartier est tellement indigné de la conduite de l'infâme Gamet qu'il ne tient qu'à toi d'en tirer telle vengeance qu'il te plaira ; tu dois m'entendre. Carral. »

Le 13 juillet, Hébrard reçoit une lettre écrite de Paris par Boudier aîné où on lit : « Que fait-on des nouveaux reclus ? Je n'en vois pas arriver ; c'est dommage car il me tarde de les voir la tête à la fenêtre (la guillotine). Autant il en viendra autant de foutus. »

Le 15 juillet Carrier écrivait à Milhaud, capitaine :

« Seconde, mon brave, les opérations confiées à Brugoux ; c'est le service le plus essentiel que tu puisses rendre à la République dans le Cantal. Je sais bien qu'il n'est pas nécessaire de stimuler ton zèle patriotique ; mais, mon ami, un homme qui comme moi est dévoré de l'amour brûlant du bonheur de la République, craint toujours qu'on ne mette pas assez d'activité à la bien servir. Concerte-toi donc avec les patriotes Hébrard, Boisset, Salsac et autres. Salut à tous les Arpajonnais. Carrier. » (1)

Quel fut le nombre des prisonniers envoyés à Paris ? Combien de convois organisa-t-on ? Les documents que j'ai sous la main ne me permettent pas de le déterminer exactement.

Voici ce que dit, à ce sujet, Hébrard lui-même

(1) *La Révolution du Cantal.*

un des membres de la terrible Commission et par conséquent très au courant de ses faits et gestes.

« Le soir même de l'arrivée de Borie à Aurillac, survint un évènement qui, quoique par lui-même de petite importance, a fait époque dans l'apparition de ce représentant. Un sieur de Montlogis, ex-noble, dont le crime était de n'avoir pas voulu être rôti dans son château, lors des illuminations arpajonnaises, s'évada de la maison de justice, précisément la veille du jour qu'il devait partir pour la prison de la Force à Paris. Sur ce, grand bruit ! tapage horrible ! On veut couper le cou à tous ceux qui restent. Salsac propose, ce qui revient au même, de les envoyer tous au Tribunal révolutionnaire. Brugoux, dans sa sagesse dictatoriale, prend un parti moyen et compose un premier convoi d'une vingtaine de personnes. Il en prépara un autre le lendemain à peu près d'autant de personnes et pour les acclimater d'avance, il les fit mettre dans un cachot où était jadis le sépulcre des Cordeliers... Un jour Salsac vint chez moi. — C'est une horreur, lui dis-je, que le départ de tous ces gens ; entre autre chose, ne seras-tu pas comptable du sang de la petite Roquemaurel, si elle vient à périr ? Quel est son crime ? Elle avait deux enfants, qui seuls pouvaient lui faire oublier la brutalité et l'insolence de leur père. Elle vient d'en perdre un dans les prisons à côté d'elle ; l'autre ne se porte pas bien. Avec quinze mille livres de rente qu'elle avait, elle se voit forcée de le confier à la bienfaisance de son concierge ; on lui a tout pris, on lui a tout volé ! — Il en périra bien d'autres, me répond froidement Salsac. » (1)

Les prisonniers étaient mis sur des charrettes et voiturés à Paris, escortés de gendarmes. Au départ de chaque convoi pour la capitale « le peuple d'Aurillac, écrivait Brugoux, assemblé autour du convoi, ne cessait de crier : Vive la République ! Vive la Montagne ! Au bout de quelques jours, j'espère que le Cantal sera entièrement purifié. »

Voici les noms des personnes condamnées au voyage de Paris, que nous avons recueillis dans divers documents :

Le comte de Lastic ;
Vanel, d'Aurillac ;
Dolivier, de Salers ;
Vaissier, de Saint-Flour (il s'échappe).
Le comte de Sartiges de Sourniac ;

(1) *Réponse*

La comtesse de Sartiges.

La marquise de Roquemaurel, de Salers.

La marquise de Fontanges, née de Barral, d'Aurillac ;

De Faussanges, ancien procureur du roi à Salers ;

Devèze, ancien procureur du roi à Aurillac ;

De Cours de Polvrière ;

De Falvelly, prêtre ;

Larguèze, médecin ;

Casse, notaire à Montsalvy ;

Madame de Lapachevie ;

Madame de Méallet de Fargues, femme de M. d'Anjony ;

La comtesse de Bargues, de Salers ;

Le comte de Sédaiges ;

Le chevalier Bonnafos de la Motte, ancien lieutenant des gardes du roi.

Rose de Rochemonteix de Nastrac, supérieure de la Visitation d'Aurillac ;

Cécile Latapie, religieuse de la Visitation d'Aurillac ;

François-Louis de Faulat, de Marcolès.

Françoise-Elisabeth de la Roche, épouse de Louis de Faulat.

Marie-Thérèse Gauthier, veuve de La Roche, mère de Madame de Faulat.

De Bonal, chevalier.
Lorus, d'Aurillac ;
Guitard, ex-gendarme ;
Maurel, notaire ;
Madame Maurel ;
Laborie, médecin.

Plusieurs de ces malheureuses victimes avaient donné des sommes considérables pour sortir de prison et échapper à la mort. C'est ainsi, dit Guitard, qu'après les avoir dévalisées « les fripons devenaient leurs assassins en les envoyant à la mort pour tuer la vérité et jouir en paix de leurs dépouilles, s'il peut y avoir une paix pour de pareils scélérats. »

Dans le voyage des proscrits au tribunal de Paris, il y eut des scènes atroces. En voici une que nous trouvons dans un manuscrit, sans signature, mais d'un témoin oculaire :

« Les proscrits, parmi lesquels se trouvaient la marquise de Fontanges et le citoyen Larguèze, étaient placés sur une charrette garnie de deux ou trois bottes de paille et attelée devant le portail de la caserne de la gendarmerie, près de la maison Auzolles. Un groupe de spectateurs l'entourait. C'étaient quelques femmes curieuses et quelques oisifs qui, trompés par l'appareil et par les impostures de la *Commission*, répondirent au cri de : Vive la République ! que Boudier, cadet, poussa le premier à la fenêtre de son appartement dans la maison de justice. C'était ce groupe que Brugoux appelait le peuple d'Aurillac dans sa lettre au Comité de Sûreté générale. Le peuple d'Aurillac, disait-il, assemblé autour du convoi ne cessait de crier : Vive la République ! Vive la Montagne ! Calomniateur, c'était la lie du peuple. Le vrai peuple d'Aurillac n'était pas là. Le vrai peuple était celui qui poursuivit plus tard les fripons et les assassins !

Quelques prisonniers étaient couchés sur la paille comme anéantis. Madame de Fontanges avait les bras nus, qui me paraissaient gros et nerveux, qu'elle agitait convulsivement, en poussant des cris de désespoir, qui finissaient par lui occasionner des faiblesses. Dans un de ces moments, j'ai vu un des spectateurs sans pitié, par dérision, lui mettre une paille dans le nez, pour la réveiller et la faire grimacer. Après un long voyage qui ne fut qu'une longue agonie, la charrette n'arriva à Paris heureusement qu'après le 9 thermidor. Le convoi fut sauvé. »

Les grands scélérats qui gouvernaient la France, Robespierre, Saint-Just et Couthon, devenus odieux à l'odieuse Convention, furent décrétés d'accusation le 9 thermidor (27 juillet 1794) et portés, à demi-massacrés, sur l'échafaud, où ils finirent une vie exécrable par une mort enragée.

La mort de ces tyrans arrêta les exécutions capitales et rendit la liberté à des milliers de citoyens en France.

Nos prisonniers furent ainsi sauvés. Les uns arrivaient à Paris le jour où fut guillotiné Robespierre, les autres étaient encore en route. Ils furent mis en liberté et rentrèrent dans le Cantal au gand mécontentement des membres de la Commission; un seul fut guillotiné à Paris, M. de Lastic. Nos farouches démagogues ne s'avouèrent pas vaincus; pendant trois mois encore, ils poursuivirent la série de leurs forfaits.

CHAPITRE IX

LE PUY-DE-DÔME ET LE CANTAL APRÈS LE 9 TERMIDOR. — DIVERSES ADRESSES. — GUERRE AUX TERRORISTES DANS LE PUY-DE-DÔME. — CONTINUATION DE LA TERREUR DANS LE CANTAL. — MUSSET Y MET FIN.

La mort de Robespierre, de Couthon et de leurs principaux partisans produisit en Auvergne, comme partout, un double effet : satisfaction et soulagement pour le plus grand nombre des citoyens, colère et fureur pour les hommes de sang qui voyaient leur puissance leur échapper. Mais ces derniers cachèrent leur jeu et, feignant une satisfaction qu'ils n'avaient pas, parurent contents du revirement qui venait de s'opérer en France. On vit en effet les amis de Couthon, ses obligés, ses adulateurs, qui naguère l'acclamaient dans les rues, dans les sociétés populaires, dans les banquets, faire volteface, le renier ouvertement, attaquer sa mémoire et féliciter la Convention d'avoir délivré la terre de ce monstre.

Voici l'adresse que la Société populaire de Clermont, tout à l'heure si enthousiasmée de Couthon, envoya à la Convention pour lui déclarer qu'elle s'était trompée dans son admiration pour ce scélérat :

« Représentants du peuple. — La Société populaire de Clermont, justement indignée des trames ourdies récemment contre la liberté, s'empresse de vous faire connaître ses sentiments. Elle s'empresse de vous déclarer que, puisque parmi les traîtres que vient de frapper la vengeance nationale, il s'en trouve un (Couthon) à qui elle avait donné des marques d'affection, elle ne se le rappellera désormais que pour se mettre en garde contre tous les tyrans perfides qui, sous le masque de la vertu, cherchent à plonger le peuple dans l'esclavage. Recevez, représentants du peuple, nos félicitations sur l'énergie que vous avez montrée dans ce nouvel orage révolutionnaire. Recevez aussi l'assurance que nous vous donnons que les hommes ne sont rien pour nous. Les principes ! les principes ! Voilà notre boussole ! mort à tous les traîtres ! vive la Convention nationale ! vive la République une et indivisible ! » Suivent 173 signatures. (1)

(1) Archives de Clermont.

Monestier, l'ami, le collègue de Couthon, écrivait, le lendemain de la mort de ce dernier, une lettre aux Clermontois dans laquelle il dit :

« Frères et amis, j'étais bien loin de penser, après treize mois d'absence, que je devrais rouvrir ma correspondance avec vous, par le récit d'événements aussi remarquables. Danton et ses associés ont été de grands criminels. Couthon a voulu s'emparer avec ses complices de la nomination de toutes les places du gouvernement... ces modernes Catilina ne sont plus ! victoire, Clermontois ! » (1)

Le Conseil général du Puy-de-Dôme, lui aussi, renia son passé et ses amis. Ne pouvant plus rien contre Couthon disparu, il tourna ses colères, sincères ou feintes, contre les partisans du féroce proconsul qu'il ne cessa de poursuivre durant les années 1794 et 1795.

Invoquant la loi du 20 floréal an III (9 mai 1795), laquelle prescrivait la répression des terroristes, il dénonça plusieurs de ces sans-culottes, entre autres trois membres du Comité révolutionnaire de Clermont, Alexandre, cafetier, Monestier, tailleur, Franconin, perruquier, enragés séides de Couthon, qui avaient jeté l'épouvante dans le pays par leurs motions

(1) Archives de Clermont.

violentes dans les assemblées populaires, par leur dénonciation d'une foule de gens honnêtes et par de nombreuses listes de proscription. Décrétés d'arrestation, ils prirent la fuite. Le tribunal indécis, craintif, n'osant ni les condamner ni les absoudre, décida qu'il en référerait à la Convention. Celle-ci, par un décret du 30 vendémiaire an IV (22 octobre 1795), déclara nuls les actes d'accusation dressés contre Alexandre, Monestier et Franconin. Elle déclara encore par le même décret que désormais on ne ferait aucune poursuite pour cause de délit politique et que les procédures commencées seraient arrêtées. Ce décret sauva la vie, la liberté du moins, de beaucoup de patriotes, parmi lesquels nous citerons Gavaix, ci-devant maire de Mezel, et Gros, ci-devant agent de la même commune, lesquels, abusant horriblement de leur autorité, écrasèrent leurs administrés par des réquisitions journalières, des refus de justice, des incarcérations nombreuses et des arrêtés arbitraires contre leur liberté. Dénoncés par des cultivateurs de Mezel, ils furent sauvés grâce au décret du 30 vendémiaire. Les tribunaux ne pouvaient donc pas condamner les terroristes, mais l'opinion publique les condamnait et les poursuivait de ses mépris et de ses colères. Ils se défendaient et même souvent ils prenaient l'offensive. Le Puy-de-Dôme était donc divisé en deux camps : les modérés d'un côté et les radicaux de l'autre. La lutte dura longtemps.

Il en fut de même dans le Cantal : même revirement, même guerre aux terroristes,

Le 17 thermidor (4 août 1794), le Conseil départemental assemblé extraordinairement vota l'adresse suivante à la Convention : « Représentants. Encore des Catilina qui, sous les dehors des Décius, prétendent rompre l'unité de la République, pour river les fers du peuple et ressusciter la tyrannie. Le masque des plus fourbes, des plus scélérats des hommes a été arraché ; l'hypocrisie de leur popularité sanguinaire a été découverte et leurs projets liberticides ont, comme ceux des Brissot, des Hébert, des Danton, échoué contre les rochers de la Montagne, la masse pure des représentants fidèles.

Citoyens représentants, que le glaive de la loi se promène sur la tête de ceux qui comme les scélérats Robespierre, Just et Couthon, veulent la mort politique du peuple et le précipitent dans l'abîme de la servitude. Nous avons juré la République une et indivisible ; nous la voulons au prix de nos vies ; notre sang cimentera ses fondements et nous mourrons avant d'être les témoins du règne de la tyrannie. »

Mauriac aussi voulut faire sa manifestation.

Après avoir fait, avant le 9 thermidor, dans une adresse à la Convention, l'éloge de Robespierre, « cet homme vertueux qui lance la foudre sur les tyrans audacieux, qui ne cesse de donner à l'univers l'exemple des plus sublimes vertus, » les Administrateurs du District envoyèrent, après la mort du tyran, l'adresse suivante à la Convention, sous la date du 18 thermidor (5 août 1794) : « Représentants. Catilina (Robespierre) n'est plus ; il a subi avec ses complices la peine due à ses forfaits. Que cet exemple juste et terrible porte le remords et l'effroi dans l'âme des conspirateurs ; qu'ainsi périssent tous ceux qui tenteraient de les imiter. Les Brissot, les Hébert ont disparu de la terre de la liberté ; il fallait bien que leurs dignes successeurs, que les scélérats qui avaient renversé un trône couvert de crimes, pour devenir eux-mêmes des tyrans, perdissent aussi la vie sur l'échafaud. N'aurions-nous donc proscrit les rois que pour porter les faisceaux et la hache devant les triumvirs ? N'aurions-nous terrassé tant d'autres factions que pour courber la tête sous la plus infâme et la plus criminelle ?

Représentants intrépides. Vous avez sauvé la patrie dans les journées immortelles des 9 et 10 thermidor, comme vous la sauvâtes les 31 mai et 2 juin. Continuez d'assurer le triomphe de la République et de punir les traîtres qui oseraient y porter atteinte ; qu'ils sachent enfin que les grandes réputations ne peuvent être l'égide du crime ; que le peuple ne veut ni rois, ni dictateurs, ni triumvirs et qu'il est toujours debout avec ses représentants fidèles contre toute espèce de tyrannie. Sauvat, président ; Delfraissy, Delmas, Duclaux, Vidal, Puyraimond, Offroi, Lalo, Cellarier, Mailhes, administrateurs ; Mirande, agent national ; Forestier, secrétaire. » (1)

Tous les habitants du Cantal ne parlaient pas ainsi. De ce nombre étaient les membres de la Commission. « Là sont encore des hommes profondément pervers qui, après avoir trafiqué de la fortune, de la liberté, de la vie des citoyens, dégoûtant de souillures et de crimes, voyant luire le jour de la justice qui va leur en demander compte, ont tout fait pour prolonger le règne de la Terreur, pervertir l'opinion publique, diviser la représentation, élever à côté d'elle une autorité rivale afin de tout bouleverser et de sauver,

(1) Recueil Tournemire.

à travers le désordre leurs trésors et leurs têtes sacrilèges. » (1)

La Commission révolutionnaire persista dans sa conduite pendant trois mois, après la mort de Robespierre, août, septembre et octobre 1794. L'heure dernière du terrorisme ne sonna dans nos montagnes que le 6 brumaire an III (27 octobre 1794), époque où Musset arriva dans le Cantal et fit arrêter les membres de la Commission.

Pendant les trois mois susdits la Commission dressa comme ci-devant des listes de proscriptions, envoya à Paris sur les prisonniers des notes calomnieuses accablantes et continua à prêcher dans les comités, les assemblées populaires, la doctrine la plus radicale, le terrorisme pur, qu'on en juge :

Au sein de la Société populaire d'Aurillac, dans sa séance du 7 septembre 1794, Manhes, fils, disait d'un ton de fureur folle : « Ici comme ailleurs, l'aristocratie lève la tête ; la contre-révolution est là... nous demandons un gouvernement révolutionnaire plus terrible que jamais... »

Dans la séance du dix-septième jour du même

(1) *La Révolution du Cantal.*

mois, Salsac qui, ce jour-là, présidait l'assemblée, quitte le fauteuil et monte à la tribune. Il tonne contre Thibault, l'ennemi de Carrier, l'accuse de vouloir anéantir les Jacobins et demande sa mort. Il émet ensuite le vœu que l'assemblée déclare que le brave Carrier a toute la confiance de la Société et que le Cantal s'honore de l'avoir pour représentant. Le capitaine Milhaud et Hébrard appuient sa motion et l'assemblée vote deux adresses à la Convention, l'une contre Thibanlt, l'autre en faveur de Carrier.

« L'acharnement avec lequel, dit Guitard, la Commission a poursuivi les opprimés que les arrêtés du Comité de sûreté générale retranchaient de son domaine sanguinaire, ressemble assez à la rage d'une bête féroce qui se voit privée de sa proie. L'un regrettait l'homme riche sur lequel il avait fondé des calculs pécuniaires ; l'autre voyait avec peine rendu à la liberté le patriote, le citoyen énergique dont il avait juré la perte, tous affaissés dans le sentiment de leurs crimes, redoublaient de fureur pour déjouer l'opinion publique et en imposer à leurs consciences effrayées. »

Enfin pourtant l'heure dernière des terroristes est venue. Depuis la mort de Robespierre, la Convention comprenait qu'il était nécessaire de propager dans les provinces le nouvel esprit qui l'animait, c'est-à-dire de faire la guerre aux partisans du grand tyran guillotiné.

Dans ce but, elle envoya des commissaires dans tous les départements avec mission d'y terrasser le parti jacobin.

En Auvergne nous eûmes pour propagateur du nouvel esprit le conventionnel Musset. Ce représentant qui, dans ses diverses missions avait joué le rôle de persécuteur acharné, venait, comme tant d'autres, de faire la culbute, de descendre de la *sainte Montagne* jusqu'aux bas-fonds du modérantisme. Il s'acquitta très bien de sa mission en Auvergne en poursuivant à outrance les bandes scélérates qui désolaient le pays.

Arrivé à Clermont au commencement d'octobre 1794, il déclara sans coup férir la guerre aux amis de Couthon, de Monestier, de Maignet, les chassa des administrations, des sociétés populaires et rendit la liberté à une foule de prisonniers qui pour la plupart « étaient, dit son arrêté, de malheureux cultivateurs, des pères de famille qui n'avaient jamais été des factieux et qu'on a incarcérés pour avoir eu avec des prêtres des rapports éloignés et d'ailleurs peu prouvés. »

Les principaux terroristes furent arrêtés; mais vint l'amnistie accordée par la Convention, dans ses derniers jours, et ils recouvrèrent leur liberté.

Du Puy-de-Dôme, Musset passe dans le Cantal. Arrivé à Aurillac, il se met sans retard à son travail d'épuration, il fait comparaître devant lui en séance publique les membres de la fameuse Commission et les principales victimes de leurs brigandages; il entend les dépositions des uns et des autres. Ces dépositions ont été reproduites par Guitard dans sa brochure intitulée la *Révolution du Cantal*.

Nous en avons transcrit plusieurs déjà dans les précédents volumes; nous allons en reproduire plusieurs autres ici.

Bonnet, d'Allanche, dit « qu'il a été forcé de donner une belle jument à Hébrard pour qu'il s'intéressât à son sort. »

Alary, cadet, déclare « qu'Hébrard a reçu par son entremise, des accusés ci-après, savoir: de Lapachevie, dix mille livres; de la veuve Fontanges, environ douze mille livres, une bague à pierres blanches montée en or, un coulant en or avec l'écrin; de Méallet-Faulat, sept à huit mille livres; de Sartiges, pareille somme; de Féniès, quatre mille livres ; de Montclard, deux cents louis en or. »

Miécase, de Viescamp, dit « que lors de la formation du troisième bataillon, Boudier reçut de lui cinquante livres pour exempter son fils qui était trop petit, que néanmoins cet enfant fut obligé de partir. »

Capelle : « Brousse lui a dit que Boudier a quitté sa place de quartier-maître sans rendre compte d'un déficit d'environ vingt-quatre mille livres. »

Palis, administrateur : « S'étant rendu à Maurs, il reçut plusieurs avis que la Commission le mettait sur une liste supplétive. Borie, chirurgien, revenant de Paris, lui dit tenir de Carrier que cinq cent mille têtes tomberaient dans la République ; que le contingent du Cantal serait de cinq cents et que Carrier lui avait fait voir une liste où étaient Palis, Cavagnac père et fils, Chaule, etc,. Joanhes, arrivant aussi de Paris lui rapporta la même chose ; Rougière lui montre une lettre de son fils, élève de l'école de Mars, portant que Carrier lui avait fait part de la même liste où étaient plus de soixante citoyens de Maurs ou de l'entour. Alors Palis revint à Aurillac prendre un passeport pour se retirer à Brest ; mais Dèzes et Rouquier l'avertirent de se cacher pour n'être pas arrêté ; Milhaud, capitaine, en voulait à tous ceux qui avaient figuré dans l'affaire de Niocel, il disait que les têtes de Claux, Falvelly, Vacher, Jalenques tomberaient ; Milhaud, brigadier à Maurs, et autres annonçaient qu'il y aurait au moins soixante citoyens arrêtés et, comparant les arrestations aux récoltes, ils disaient que celle de cent soixante était le seigle qu'ensuite viendraient celle du froment et celle de sarrasin. «

Bordes, administrateur : — « A l'époque du passage de Borie, Boisset, membre de la commission, lui dit que *s'il avait quelqu'un dans la commune qui l'embarrassât, il l'en débarrasserait.* »

Rouquier dit « qu'il a été envoyé par la commission à Murat et à Saint-Flour auprès de Grandet et de Valarcher pour chercher des listes suplétives de proscrits ; qu'il fut mal accueilli à son retour parce que on trouva les notes insignifiantes ; que la Commission a fait ici (Aurillac) la liste suplétive de Mauriac, qu'Hébrard a proposé Roux, traiteur, et Gamet, cirier, pour être inscrits dans la liste suplétive d'Aurillac, que l'on demanda leur arrestation à Borie qui ne voulut pas l'ordonner sans consulter le peuple, qu'Hébrard, Milhaud, Boisset et Mailhes étaient ceux qui entouraient le plus ce représentant.

Interrogé si, d'après les notes, des reclus devaient périr, Rouquier répond que les notes de Maurel, notaire, et de sa femme, de Lorus, de Guitard, ex-gendarme, de Lakairie, commis au District, de Laborie, officier de santé, faites par Hébrard, étaient mauvaises; que Manhes voulut faire changer celles de Maurel et de sa femme, mais qu'il ne put réussir ; que lui, Rouquier, faisant la note de Saignes, y inséra un trait de civisme qu'il connaissait en sa faveur ; il fut appuyé par Boisset, mais la majorité des membres s'y opposa, disant qu'ils ne voulaient plus délivrer des certificats de civisme. »

Lafage, cuisinier à la maison Joseph: « J'ai porté à la Commission, dit-il, au commencement de thermidor (fin juillet 1794), une montre en or à double boîtier garnie en perles et émaillée, avec une lettre et un assignat de cinq livres. »

Laborie : — « Hébrard ayant fait arpenter quatre de mes héritages, dont il avait envie, je lui envoyai, pendant ma réclusion, une vente signée et la somme convenue. »

Delolm : — « Hébrard me fit demander deux orangers, par Dilhac : il les exigea de suite. »

Dilhac : — « Delolm se plaignit à moi de son arrestation et me demanda un moyen d'en sortir. Il avait deux superbes orangers que je savais exciter la convoitise d'Hébrard, je lui conseillai de les lui donner ; mon conseil fut suivi, les désirs du roitelet furent satisfaits. »

Lacarrière : — « Pendant ma détention, il m'a été fait plusieurs demandes au profit d'Hébrard, telles que la vente d'un pré et de matériaux qui étaient devant sa porte. Hébrard voulait me forcer à me défaire de ma maison : n'ayant pu réussir il a, au mépris d'actes authentiques émanés de lui, fait des constructions, des haussements, des ouvertures très aggravantes. »

Prince : — « Pour calmer Hébrard qui voulait mon jardin et pour l'intéresser au sort de mon gendre détenu, j'ai fait un premier sacrifice de deux mille livres et d'une boîte en or. Ayant été menacé de la réclusion si je ne vendais pas mon jardin, je le lui cédai à condition qu'il me laisserait vingt-quatre pieds de terrain ; il n'en a laissé que douze. »

Clair-Laval : — « Mon fils étant poursuivi après les troubles du mois de mars 1791, je m'adressai à Milhaud, brigadier à Maurs, qui avait un frère puissant et qui moyennant deux cents francs qu'il demanda à emprunter, promit de me sortir d'embarras. Lui ayant redemandé cette somme, il y a quatre mois, pendant le règne de la Commission, Milhaud me menaça de me reclure. »

Alary. — « Milhaud, dit-il, est un des plus fameux terroristes du Cantal. Depuis trois ans, lui et les siens, par les plus grands abus de l'autorité et de l'influence qu'ils s'étaient arrogées, n'ont cessé de répandre la terreur. »

Nous pourrions transcrire ici plusieurs autres dépositions des témoins appelés devant Musset, mais c'est assez pour être persuadé du caractère d'atrocité des exactions de la Commission.

Musset lui-même en fut frappé d'horreur et, le 6 brumaire an III (27 octobre 1794), il lança des mandats d'arrêt contre les principaux coupables : Hébrard, Brugoux, Dominique Mirande, Valette, aîné, Carral, de Saint-Cernin, Rouquier, de Maurs, Milhaud, aîné, Milhaud, cadet, brigadier, Boudier, aîné, Dilhac, Perthus, Alary, Dézes, et sa femme.

Ils se sauvèrent par la fuite, mais bientôt ils furent arrêtés et enfermés dans les prisons d'Aurillac et de Mauriac.

En même temps (29 octobre 1794), les habitants d'Aurillac envoient une adresse où ils manifestent leur indignation contre les terroristes, surtout contre Carrier en faveur duquel ils avaient écrit une lettre élogieuse. (1) La débâcle fut générale.

Musset ne se contenta pas de faire arrêter les principaux terroristes, ils chassa leurs partisans des fonctions administratives. Il enleva à Hébrard la présidence du tribunal criminel qu'il donna à Claux. Armand, ancien député, fut nommé maire d'Aurillac en remplacement de Gourlat; Vacher-Tournemire, maire de Mauriac, à la place de Lalo, etc. Cette épuration faite en même temps que les arrestations ranima les esprits et ramena dans les âmes la confiance et le courage.

(1) Voir cette adresse aux pièces justificatives, n° 2.

CHAPITRE X

DIVERS ARRÊTÉS DE MUSSET CONTRE LES PRÊTRES ET LES RELIGIEUSES DU PUY-DE-DÔME ET DU CANTAL. — DÉCRET SUR LES SUBSISTANCES. — DISETTE. — LETTRE DE MUSSET A LA CONVENTION. — ADRESSES DE REMERCIEMENT DES HABITANTS D'AURILLAC ET DE CLERMONT. — DÉPART DE MUSSET. — RAPPORT DE MUSSET A LA CONVENTION.

Musset avait la mission d'écraser le parti terroriste en Auvergne, mais non celle de mettre fin à la persécution religieuse; celle-ci en effet continua.

Le 27 vendémiaire (18 octobre 1794), dans le Puy-de-Dôme, le Représentant ordonne l'arrestation de plusieurs prêtres catholiques et constitutionnels et, pour exciter les autorités à la répression et à la surveillance, il les rend responsables des troubles religieux qui surviendraient dans leurs communes. En outre, il veut que toutes les religieuses soient mises en réclusion dans leurs propres maisons, avec ordre de se présenter à certains jours désignés devant le Comité révolutionnaire du lieu.

Celles qui étaient en prison, lorsqu'elles se trouvaient plusieurs ensemble, aimaient à faire leurs exercices de piété en commun, heureuses de se trouver réunies pour prier « pour fanatiser, » comme disait Musset. Or, chose étrange! pour les empêcher de fanatiser ensemble le représentant ordonne qu'elles soient mises hors de prison et que chacune soit envoyée isolément dans sa propre maison, avec défense d'en sortir, mais avec la permission d'y *fanatiser* à l'aise toute seule.

Musset voulut également empêcher les populations de *fanatiser*, les jours de dimanche et de fête. Dans ce but il porta l'arrêt suivant :

« Le Représentant du peuple instruit que dans plusieurs endroits du département du Puy-de-Dôme, les malveillants secouaient encore la torche du fanatisme et que les crédules paysans, égarés par leurs perfides insinuations, ne pratiquaient plus les décadis et fêtaient les ci-devant dimanches et fêtes, arrête :

Art. I. — Les Comités révolutionnaires emploieront tous les moyens, que la loi met en leurs mains, pour arrêter les progrès du fanatisme que les malveillants cherchent à ressusciter.

Art. II. — Ils feront mettre en arrestation tous ceux qui seront surpris à fanatiser, tous ceux qui, par leurs discours et leurs exemples, chercheraient à anéantir les décadis et à ressusciter les dimanches.

Art. III. — Ils sont néanmoins autorisés à les élargir lorsqu'ils croient qu'ils ont suffisamment expié leurs torts et que leur liberté ne peut compromettre la sûreté publique... Musset »

Dans le Cantal, Musset tint la même conduite vis-à-vis des prêtres, des religieuses et des fidèles. Un arrêté de lui, en date du 25 brumaire (15 novembre 1794), ordonne que les prêtres et les religieuses réfractaires resteront dans les maisons de réclusion sous la surveillance des agents nationaux, que les prêtres qui sont dans le cas de déportation la subiront, que les dispositions des précédentes lois seront exécutées et que les aristocrates, les parents des émigrés seront rigoureusement surveillés.

« Citoyens, dit Musset dans la lettre qui accompagne l'envoi de cet arrêté, citoyens, j'ai appris que des malveillants pour égarer nos frères des campagnes, ont osé répandre le bruit que nous permettons de fêter le jour ci-devant dimanche et de travailler au contraire le jour du décadi. Les sentiments que j'ai manifestés à cet égard dans les assemblées du peuple, ont dû vous convaincre de la la fausseté de ce bruit.... Dites à vos concitoyens que loin d'autoriser les infractions aux lois, je pense qu'il ne peuvent être heureux que par la pratique des vertus républicaines... » (1)

Il faut rendre justice à Musset. Sans doute empêcher les populations de *fanatiser* librement, alors qu'on criait partout : Vive la liberté! ce n'était ni loyal ni juste. Mais terroriser les terroristes c'était bien ; chasser des administrations les escrocs et les scélérats c'était encore bien. Ce qui fut encore bien, dans la conduite de Musset, ce fut le zèle qu'il mit à procurer des subsistances au peuple qui en manquait, car la disette sévissait depuis longtemps dans le Cantal. Nous l'avons constaté précédemment, les administrations avaient fait, pour procurer des grains au département, des efforts qui, il est vrai, ne furent guère couronnés de succès, mais elles avaient montré de la bonne volonté. Musset aussi en montra, mais le remède qu'il indiqua ne fit peut-être qu'aggraver le mal.

Le 12 novembre 1794, il prit l'arrêté suivant :

« Mort aux tyrans. Le représentant du peuple Musset, considérant que le besoin, que le peuple

(1) Recueil Tournemire.

éprouve des subsistances, ne provient que de l'égoïsme et de la malveillance, que les mesures, qui ont été prises jusqu'à présent, n'ont produit aucun des effets que l'on attendait, arrête :

Art. 1ᵉʳ. — Tous les propriétaires de grains sont tenus de faire battre leurs grains dans le délai de deux décades.

Art. II. — Les municipalités sont chargées de mettre en réquisition tous les journaliers et cultivateurs qui ne seront pas employés au service de la République, pour travailler au battage desdits grains, en leur rappelant que la loi les autorise à recevoir leur salaire en grains.

Art. III. — Les Directoires de chaque District de ce département feront faire dans le courant du présent mois de brumaire un recensement révolutionnaire de tous les grains. Fait à Aurillac le 22 brumaire an III (12 novembre 1794). Musset. »

Le Proconsul Musset accompagna cet arrêté d'une proclamation aux habitants du Cantal : « Frères et amis, dit-il, les hommes libres réunis en société, ne présentent jamais un spectacle plus imposant que lorsqu'ils s'occupent des objets d'ordre et d'intérêt public. Le premier, le plus intéressant sans doute est l'approvisionnement. Jaloux d'assurer le bonheur du peuple, les subsistances ont fixé toute mon· attention. Trop longtemps une disette factice s'est fait sentir dans ce département. Elle est l'ouvrage de l'égoïsme. Il faut enfin que tous les bons citoyens se réunissent pour terrasser ce monstre. Détruisez l'égoïsme et, avec lui, la disette factice, qui vous désole, disparaîtra ; partagez vos ressources et l'abondance renaîtra parmi vous. Ainsi par la pratique des vertus républicaines vous connaîtrez le bonheur et la paix, vous goûterez les douceurs de la liberté. Aurillac, 22 brumaire, an III (12 novembre 1794). Musset. »

Le monstre fut-il terrassé? Il est permis d'en douter, on peut même affirmer qu'il conserva la vie sauve. Difficilement on détruit l'égoïsme ; plus difficilement « on partage ses ressources ». En temps d'anarchie, chacun pour soi, sauve qui peut.

Factice ou réelle, la disette, qui sévissait depuis plusieurs années, continua dans toute l'Auvergne. Les papiers des archives sont pleins de doléances à ce sujet. La loi du *Maximum* ou taxe des denrées, qu'on établit, qu'on abrogea, qu'on rétablit plusieurs fois, loin d'améliorer la situation, ne faisait que l'aggraver. Irrités de voir le prix de leurs marchandises taxé, les vendeurs ne portaient plus rien aux marchés ; ils vendaient en secret à un prix exorbitant.

Dans un manuscrit, conservé aux archives d'Aurillac, on trouve sur la cherté des vivres, des détails que l'histoire doit recueillir.

D'après ce manuscrit, en 1794, le blé se vendait, à Aurillac, de 60 à 80 fr. le setier ou cinq cartes ; le vin de 40 à 50 sous le litre ; l'huile d'olive, 7 fr. la livre ; celle de noix de 3 à 6 fr. ; le fromage, de 30 sous à 3 francs la livre ; le beurre 3 fr. ; la viande de boucherie 40 sous la livre ; un œuf, 3 sous ; une paire de souliers, 25 fr. etc., le reste à proportion.

En 1795, par suite du discrédit où tombèrent les assignats ou papier-monnaie, la cherté des vivres devint effrayante. Les marchands refusaient tout paiement en assignats, ou bien s'ils étaient obligés de les accepter, ils montaient le prix de leurs denrées à un taux excessif. Ainsi ce qu'ils cédaient au prix de 20 fr. quand on les payait en monnaie métallique, or ou argent, ils ne le cédaient qu'au prix de deux cents, trois cents francs quand on les payait en assignats.

« A Aurillac, dit le manuscrit, en assignats, le froment se vendit jusqu'à 1750 francs le setier ; le seigle, mille francs, le blé noir, sept cent francs, le vin, cent francs le quart ; le beurre, vingt-deux francs la livre ; le savon, cent francs ; l'huile de noix, cent francs, celle d'olive à proportion ; le fromage quarante francs la livre ; la punière de sel, seize francs ; l'once de tabac, six francs ; un œuf, quinze sous ; une paire de souliers deux cents francs ; une livre de pain blanc vingt-deux francs ; celle de seigle seize francs ; une livre de mouton, douze francs ; de veau dix francs ; une charretée de bois deux cents francs; une paire de bœufs de neuf à dix mille jusqu'à quarante mille francs ; des cochons gras se vendirent jusqu'à douze mille cinq cents francs la pièce. Encore on avait bien de la peine à trouver des denrées à ce prix extraordinaire. Il semblait qu'on vous les donnait par grâce, tant on méprisait ce papier-monnaie. Enfin dans le mois de novembre, il n'en fut plus question à Aurillac, ni dans les environs. On n'en parla plus et, en eussiez-vous eu les poches pleines, on ne vous aurait pas donné une livre de pain.

Il ne se fit plus de ventes ni d'achats qu'en numéraire et, quoique ce dernier fût rare, les denrées s'y maintinrent à un prix assez haut. Le froment se vendait en numéraire 22 francs le setier ; le seigle 16 fr. ; le sarrazin, 12 fr. ; le vin de 15 à 20 sous le quart ; le pain blanc, 10 sous la livre ; le beurre frais, 18 sous ; le fromage, 10 sous ; la viande de boucherie, 10 sous ; et ainsi du reste. Les denrées diminuèrent un peu de prix vers la fin de l'année et commencèrent à reprendre leur cours ordinaire ; mais on faisait les plus grandes difficultés pour recevoir les pièces de monnaie marquées au coin de la République ; on ne les recevait que sur la menace d'être mené devant les autorités constituées ; autrement on ne voulait que de vieilles espèces. »

Revenons à Musset. Satisfait de ses travaux, dans le Puy-de-Dôme et le Cantal, le Représentant en rend compte par lettre à la Convention (1). La Société populaire d'Aurillac et la commune de Clermont, de leur côté, rédigent des adresses à la même assemblée pour la remercier de leur avoir envoyé un si bon représentant, dont elles font un éloge pompeux (2).

Vers le milieu de novembre, Musset quitte le Cantal et se rend dans la Corrèze.

Arrivé à Ussel, il écrit à l'agent national du District d'Aurillac une lettre de remerciements dans laquelle nous lisons :

« J'ai reçu l'adresse de la Société populaire à la Convention nationale ; elle justifiera le peuple d'Aurillac des adresses liberticides votées en son nom par une poignée de scélérats. Le bon témoignage qu'elle rend à mes travaux m'est infi-

(1) Voir aux pièces justificatives cette lettre, N° 3.
(2) Voir aux pièces justificatives ces deux adresses, N° 4.

niment flatteur, car la plus douce récompense pour un républicain, est d'entendre dire qu'il a fait son devoir. Je t'invite à lui en témoigner toute ma gratitude ; dis-lui qu'à l'énergie qu'elle a montrée en ma présence, j'ai reconnu des Français, des républicains ; en conservant la même attitude, elle comprimera la malveillance et l'aristocratie ; par ses discussions sages, tranquilles et éclairées, elle démasquera les intrigants et empêchera qu'à l'avenir des dominateurs osent porter atteinte aux droits du peuple... Assure tes concitoyens de l'attachement que je leur ai voué ainsi qu'à tous les amis de la patrie. Salut et fraternité. A Ussel, 3 frimaire an 3 (25 novembre 1794). Musset. » (1)

Revenu à Paris, Musset, à la séance du 17 janvier 1795, s'exprima ainsi devant la Convention :

« J'arrive à la mission dont la Convention nationale a bien voulu me charger... Dans le département du Puy-de-Dôme j'ai trouvé de plats valets, de vils porteurs de couteau ; mais le peuple s'est élancé avec la Convention et a déclaré avec elle une guerre à mort à tous les scélérats et à tous les hommes de sang. Cette énergie s'est communiquée à tous les esprits, de sorte qu'il

(1) *Révolution du Cantal.*

n'est presque pas cinquante hommes à present qu'on puisse y dire amis du terrorisme (applaudissements).

Du Puy-de-Dôme, je suis passé dans le Cantal. C'est là que j'ai vu des hommes non seulement terroristes et buveurs de sang mais encore voleurs ; des hommes que j'ai convaincus devant plus de quarante citoyens, car c'est devant le peuple que j'ai voulu toujours agir ; je n'ai rien fait dans mon cabinet. Lorsqu'on m'a dénoncé ces coquins. j'ai répondu : « Ce n'est pas chez moi que je dois le juger mais en présence du peuple. » Alors je les ai menés devant ce tribunal juste mais redoutable. Le peuple les a accusés et le peuple les a convaincus. Le peuple a sommé le frère d'Hébrard de déclarer si sa femme n'avait point emporté la somme de quatre mille francs que son frère avait prise à un citoyen. Celui-ci, avec la franchise d'un vrai républicain, a déclaré le fait vrai. Carrier avait fait une liste de soixante victimes pour le tribunal de Paris. Il avait chargé ses agents d'y faire des notes et ces notes devaient être faites à la Carrier. Alors Hébrard devient l'œil de cette Commission ; il s'associe un nommé Alary, ci-devant avocat. Il est bon d'observer ici que cet Alary avait fait un écrit contre-révolutionnaire qui était tombé entre les mains d'Hébrard ; celui-ci fait venir Alary, le lui montre et il ajoute : « Ta vie est entre mes mains ; si tu fais ce que je te dirai je brûle ta lettre, si tu refuses, je te sacrifie. »

Hébrard alors lui assigne la fonction de recevoir les pétitions de ceux qui viennent solliciter auprès de lui ; il les lui envoie tous. Ces malheureux vont donc trouver Alary ; ils lui présentent leurs pétitions. « C'est de l'argent qu'il me faut, » leur répond ce monstre. Ainsi l'homme de bien, jeté dans son cachot, ne recouvre sa liberté que par la perte de sa fortune ; l'un donne dix-huit mille francs, l'autre vingt mille. Quand il avait dépouillé ses victimes, il les conduisait au tribunal de sang. A force de pillages et de vols, ces monstres qui n'avaient rien avant l'Assemblée constituante, ont tous amassé des sommes immenses. Hébrard, qui était couvert de dettes, était riche de plus d'un million... » (1)

(1) *Moniteur universel*, tome 23, page 234.

CHAPITRE XI

LE CANTAL APRÈS LE PASSAGE DE MUSSET. — LUTTE ENTRE LES THERMIDORIENS ET LES JACOBINS A MAURIAC, A AURILLAC. — MORT DE CARRIER, DE ROMME ET DE SOUBRANY. — LES DÉMAGOGUES LAC ET FAU. — AMNISTIE DES TERRORISTES DU CANTAL.

Musset avait terrifié les Terroristes ; il les avait chassés de toutes les administrations et remplacés par des Thermidoriens qui étaient les modérés de l'époque. Après son départ, l'agitation recommence. Les Jacobins affolés agissent en dessous, font mouvoir tous les ressorts de la plus astucieuse politique pour échapper à la justice et reconquérir la puissance perdue. Quelques-uns, Brugoux, Boudier aîné, Mirande réussirent à recouvrer leur liberté, les deux premiers par l'influence du député Milhaud, le troisième par les démarches de son frère Nicolas Mirande, député suppléant à la Convention.

Cet élargissement inattendu des plus sinistres

escrocs du Cantal jeta l'épouvante dans le pays, surtout à Mauriac et à Aurillac, principal théâtre de leurs méfaits.

Le 10 décembre 1794, le Comité révolutionnaire de Mauriac, dans une séance orageuse, attaqua vivement Mirande qui essaya de se défendre par des paroles hypocrites, étrangères à la question : « On cherche, dit-il, à fomenter des troubles et des divisions dans la commune. Démasquons les traîtres et les fripons ; punissons les coupables mais faisons régner la paix et la tranquillité..... » Il est violemment pris à partie par Bertin et Dolivier.

Bertin. — « Si j'eusse paru à la tribune au commencement de la séance, on n'aurait pas manqué de m'attribuer la division qui a lieu. Dans toutes les communes de la République on cherche à démasquer les fripons et les intrigants. Les partisans de Robespierre s'agitent de toutes parts et cherchent à paralyser le vœu du peuple. La commune d'Aurillac, surprise de l'élargissement de Brugoux et de Boudier, prit la résolution d'envoyer à Paris des commissaires chargés de détromper le Comité de sûreté générale et de lui démontrer l'erreur où on l'avait entraîné en sollicitant la mise en liberté de ces deux scélérats. La commune de Mauriac fut invitée de nommer aussi un commissaire ; cette proposition fut écartée; on prétendit même qu'il n'y avait pas de fripons dans le District. Invitez le Comité de surveillance de vous communiquer les dénonciations qui lui ont été faites, vous pourrez ensuite asseoir votre jugement. Souvenez-vous que tout citoyen doit poursuivre les coquins ; c'est être ennemi de la République que de chercher a leur faire grâce. »

Dolivier. — « Vive le peuple ! Vive la Convention ! Guerre aux terroristes, aux intrigants et fripons ! Voilà ma devise. Appelé par la confiance publique à l'administration du District et du département, j'ai fait mon possible pour justifier l'estime du peuple ; j'ai lutté longtemps contre les fripons, ils m'ont livré au tribunal de sang de Robespierre, mes crimes étaient d'avoir dévoilé leurs forfaits ; jai eu la gloire de triompher de mes ennemis.

Mais quels sont-ils ceux que Musset a fait reclure ? La commune d'Aurillac indignée de la mise en liberté de quelques coquins, envoie des commissaires à Paris et demande que celle de Mauriac suive son exemple ; la commune de Mauriac s'y est refusée sous le prétexte qu'il n'y avait pas de coquins dans le District.

Mais y a-t-il eu des concussions et des rapines? Par qui ont-elles été exercées? Lorsque Taillefer fut envoyé en mission dans le Cantal, il y envoya Delthil, son délégué. Celui-ci créa un Comité révolutionnaire qui envoya des commissaires dans chaque District en mettant sous leurs ordres une armée révolutionnaire. Ces commissaires allaient chez les riches, enlevaient argent et bijoux. En ont-ils donné des reçus? En ont-ils rendu compte? Non.

Un décret ordonnait aux Comités révolutionnaires de dresser de suite le compte des taxes qu'ils avaient levées sur les gens suspects. On dira que ce compte a été rendu; mais on n'y trouve que des sommes médiocres tandis qu'ils avaient perçu des sommes considérables. Quels sont les hommes qui ont exercé ces horreurs? Je dois à la justice et au peuple de les démasquer; je ne cherche pas à susciter des haines, mais le salut du peuple est ma suprême loi : c'est Valette, c'est Mirande. D'après les déclarations faites au Comité révolutionnaire, il avait cru devoir les faire arrêter. Le représentant Mirande est le seul qui ait sollicité l'élargissement de son frère. »

Mirande demande la parole (tumulte) : « On cherche, dit-il, à mettre ici la division... On a levé des taxes. Doit-on confondre ceux qui ont levé des taxes ordonnées par le représentant du peuple avec les concussionnaires ? J'ai levé de ces taxes, j'en dois le compte à la République. Ce compte vous sera présenté... »

Dolivier : — « ... J'ai dit qu'il y avait eu des concussions, que Valette et Mirande en étaient les auteurs. On a cherché à faire une distinction qui tombe d'elle-même. Qui a commis des vols et des concussions ? C'était le Comité révolutionnaire et Mirande était de ce Comité. Il avait été reclus, sa mise en liberté a été extorquée au Comité de sûreté générale... (1)

La discussion continue, mais le tumulte augmentant, la séance est levée.

Mirande ne rendit jamais exactement ses comptes ; reconnu coupable il fut de nouveau incarcéré ; il était en prison le 26 décembre 1794.

Pendant qu'à Mauriac l'opinion publique se prononçait de plus en plus contre les terroristes, les habitants d'Aurillac se réunissaient en assemblée générale et décidaient qu'une adresse serait envoyée à la Convention pour demander la désignation d'un tribunal, qui, à l'abri de toute influence, jugerait les terroristes du Cantal.

« Citoyens représentants, dit l'adresse, des

(1) Procès-verbal du Comité révolutionnaire de Mauriac.

hommes atroces, dont Carrier était à la fois le protecteur et l'intermédiaire auprès de Robespierre, ont couvert le Cantal de désolation et de désespoir... Au moment où nous comptions qu'enfin la loi ferait justice de nos oppresseurs, quelques-uns de ceux qui ont été incarcérés viennent d'être rendus à la liberté sans jugement, à la liberté qu'ils ont déshonorée, qu'ils ont voulu noyer dans le sang... Le peuple d'Aurillac vous demande aujourd'hui une justice sévère et impartiale, la justice des républicains. Les pièces justificatives sont parvenues au Comité de Sûreté générale ; veuillez vous en faire faire le rapport ; veuillez indiquer un tribunal qui, à l'abri des intrigues et de toute influence, puisse remettre les innocents dans nos bras et punir les coupables... » Cette adresse, portée à Paris par deux commissaires délégués à cet effet, obtint un plein succès.

Par décret du 6 février 1795, la Convention désigna, pour juger les terroristes du Cantal, le tribunal criminel du Puy-de-Dôme.

Les accusés furent donc dirigés vers Riom ; quelques-uns partirent le 26 février, d'autres le 27. Dilhac, Hébrard et Dèzes, qui s'étaient enfuis d'abord, se rendirent bientôt entre les mains de la justice, s'acheminèrent vers la Basse-Auvergne et furent internés, avec leurs complices dans les prisons de Riom, où ils restèrent jusqu'au mois d'octobre 1795, attendant que le tribunal prît ses informations et instruisît le procés.

Pendant ce long intervalle, les amis et les ennemis des prisonniers se livrèrent, surtout à Mauriac et à Aurillac, des assauts furieux en faveur ou contre les accusés, s'attaquant ou se défendant de part et d'autre avec une extrême violence.

Milhaud, le député, ayant écrit à la commune d'Aurillac une lettre où, hypocritement, il approuvait la chute des Jacobins au 9 thermidor, et demandait que « les caméléons avides de sang et de pillage fussent vomis de la république », quelques citoyens saisirent l'occasion de la lecture de cette lettre en pleine assemblée pour démasquer et faire le procès des trois Milhaud.

Dans la séance du 19 avril 1795, Dolivier monte à la tribune : « Eh quoi ! s'écrie-t-il, voudrait-on aujourd'hui chercher à excuser ce mirmidon insolent (le député Milhaud), ce digne émule des Carrier, des Maignet, des Lebon, ce monstre à figure humaine qui, dès les premiers éclairs de la Révolution leva le premier dans ce département l'étendard du pillage, de l'incendie et du carnage, qui, en 1792, se fit nommer à la

Convention nationale avec l'infâme Carrier, à force armée, qui, envoyé à l'armée des Pyrénées-Orientales n'y va que pour égorger les patriotes du Roussillon ; ce scélérat qui a eu l'impudence de dénoncer à la Convention comme royalistes et contre-révolutionnaires tous ceux qui avaient eu le courage de faire leur déclaration contre les égorgeurs et les fripons du Cantal. »

— « Non, ajoute Vanel, celui que nous avons vu à la tête d'une horde de brigands qui, en 1792, inondèrent notre District, portèrent partout la consternation, la mort et l'incendie, celui qui n'a cessé de persécuter avec son cher et digne collègue Carrier, tous les hommes probes,... celui qui n'a cessé de prêcher le Maratisme... ne sera jamais l'apôtre de l'humanité. »

— « Je rappelle à l'assemblée, s'écrie Boyssou, horloger, que lorsque Milhaud passa ici dernièrement, il permit que des ouvriers lui donnassent des repas très splendides, qu'il se fâcha beaucoup un jour qu'il faisait la farandole, de ce que la municipalité, ainsi que tous les habitants des maisons sises sur la place, ne se mettaient pas aux fenêtres pour le voir passer et danser autour de l'arbre de la liberté. Etait-ce là un représentant du peuple ? Je dis que ce

Milhaud n'était pas un représentant mais un arlequin. »

De son côté, dans le journal *le Décadaire*, n° 9, Lakairie disait : « Les trois frères Milhaud sont en permanence dans le *Décadaire du Cantal*. Leurs noms et leurs crimes y figurent comme dans un greffe criminel. Milhaud, capitaine de gendamerie, passant par la ville de Maurs avec un détachement de la troupe révolutionnaire, fut au café tenu par le citoyen Marchal. Suivant sa crapuleuse habitude, il s'enivra de liqueurs. Milhaud ne compte jamais les bouteilles qu'il vide, mais il trouve le prix trop fort quand il faut payer. Il établit une taxe et un *maximum* à sa façon et menace en cas de refus de *faire mettre au pillage le café*. Il sort et parle à sa troupe. Celle-ci vient le soir au café et fidèle aux ordres de son général, ne veut payer que la taxe fixée par Milhaud. La citoyenne Marchal se récrie. Aussitôt la bande révolutionnaire emporte un immense quantité de bouteilles de liqueurs et des caisses de vin de Bordeaux.

Tant d'excès appartiennent sans doute à Milhaud. Aussi le citoyen Marchal n'a-t-il traduit en justice que Milhaud seul et lui demande une somme de huit mille livres. Et voilà les hommes qu'on plaçait à la tête de la force armée qui doit protéger les personnes et les propriétés ! Ce sont les Milhaud que nous avons vus s'élever de crime en crime aux places destinées au mérite et à la vertu. Ils ont fait couler dans nos murs le sang de l'innocence qui crie vengeance. Ils ont pillé et dévasté le département. L'un député à la Convention, l'autre capitaine de gendarmerie à Aurillac, le troisième brigadier à Maurs, ils s'étaient placés sur différents territoires pour propager plus au loin tous leurs crimes et faire plus de victimes. Mais enfin la justice va les atteindre tous, et le bagne les attend à Toulon. »

De leur côté les partisans du régime de la terreur s'agitaient, se groupaient, montraient de l'audace, proféraient des menaces et cherchaient à opérer une réaction, un retour au terrorisme. Quelques communes, Arpajon, Giou, Roannes-Saint-Mary, Crandelles, prenaient parti pour les prisonniers de Riom et leur envoyaient des certificats de civisme, de bonne conduite.

Les accusés eux-mêmes, du fond de leurs cachots, cherchaient à se blanchir. Pénière, député de la Corrèze, avait dit dans une séance, à la Convention, ces mots : « Dans le département du Cantal, Bô a créé une Commission révolutionnaire qu'il a composée d'hommes atroces et perdus de débauches. »

A cette nouvelle Brugoux, Milhaud, Carral, Valette, Rouquier et Mirande, écrivent de Riom, une lettre de protestation ; ils disent 1° que ce n'est pas Bô qui a établi la Commission (ils ont raison) ; 2° qu'il n'y a pas eu de Commission réelle (c'est faux) ; 3° que les hommes appelés dans cette prétendue Commission n'étaient ni atroces, ni perdus de débauches ; ils ne le prouvent pas, se contentant d'affirmations suspectes ou d'explications embrouillées.

Hébrard aussi écrivit à Pénière, à Thibaut, à Delzors, une lettre dans le même sens, pleine d'affirmations mais vide de preuves. Il y prend la défense de Bô et prétend qu'il n'y a pas eu de *Commission* dans le Cantal mais simplement « une agrégation de patriotes sans compétence, ni juridiction ». Commission ou agrégation, n'importe le mot, il n'en est pas moins vrai que les hommes qui en faisaient partie étaient des hommes atroces.

Pour se blanchir, Hébrard rédigea en réponse à la *Révolution du Cantal*, un long mémoire intitulé *Réponse*, dans lequel il cherche à expliquer en sa faveur les faits dont on l'accuse ; il ne nie pas les crimes commis, les exactions opérées de tous côtés, mais il en jette le blâme sur tel ou tel citoyen. J'ai reçu de l'argent, oui, mais on me le devait, — ou bien : ce n'était pas pour moi, mais pour Alary, Boudier, etc. — Bonnet d'Allanche m'a conduit une belle jument, oui, mais j'étais dans l'intention de la rendre. — J'ai reçu vingt mille livres de M. de Montclare, mais je les ai rendues. Voilà sa manière de procéder et de se disculper.

Les terroristes étaient impitoyablement traqués de tous côtés.

Le 10 mars 1795, le tribunal criminel d'Aurillac condamna à douze ans de fers Hugues Lac, maire de Boisset, démagogue accompli, concussionnaire habile, qui, pour mieux exercer ses vexations et ses rapines, établit à Boisset un Comité de surveillance, formé des plus purs patriotes avec lesquels il faisait des visites domiciliaires et extorquait à ses administrés des sommes considérables. Il forma une liste de trente-deux citoyens des plus considérables de la commune et fit lancer des mandats d'arrêt contre les proscrits dont les noms suivent :

Marie-Anne de Meallet, femme de M. de l'Ecluse de la Chaussée et ses six enfants, frères et sœurs d'émigrés.

Jacques de la Tour, fils de de la Tour de la Griffoul, exécuté à Aurillac.

Jean de Pruines, de la Carrière, commune de Boisset.

Antoine de Pruines, frère du précédent.

Jacques Pruines de la même famille.

Pierre Calmete, Antoine, Marie et Marie-Anne Calmette, frères et sœurs de l'émigré Calmette, curé de Gorses (Lot).

Mathieu et Anne Lacarrière, frère et sœur de Lacarrière, curé de Montredon, réfractaire émigré.

Jean et Jeanne Lac, de la Martinelle, frère et sœur du réfractaire émigré, Lac, curé de Saint-Santin.

Marie Bourbouze, épouse de M. de la Tour de la Griffoul, en première noces, et en secondes noces de M. de Chaunac.

Antoine et Jean Fau, père et fils, de la Martinelle.

Lac fut un ardent propagateur du culte de la déesse Raison.

Il fit descendre les cloches, brûler les saints, les ornements, les titres des rentes ; il s'empara de l'argenterie de l'église et autres objets. Il détournait par des menaces ou des promesses les habitants de Boisset d'enchérir dans la vente des biens nationaux et se les appropriait lui-même pour quelques assignats de peu de valeur.

En 1792, il reçut de l'administration du District la somme de 400 francs pour les pauvres ; il retint 250 francs pour lui, disant qu'il les distribuerait lui-même. D'autres sommes lui étant confiées, en même temps que des grains, il exigeait des pauvres à qui il les distribuait qu'ils prêtassent le serment de renoncer aux prêtres et aux nobles ; ceux qui refusaient n'obtenaient rien ; il faisait un profit sur les grains que l'administration le chargeait de vendre.

Il fut accusé et convaincu d'avoir, en qualité de maire, exercé des concussions sur les habitants, en se faisant payer pour les mariages des droits que les lois ne permettaient pas.

Il fut condamné premièrement à douze ans de fers et préalablement à être attaché à un poteau, placé sur un échafaud, pour y être exposé aux regards du peuple, pendant six heures, ayant au dessus de sa tête un écriteau sur lequel seront inscrits ses noms, sa profession, son domicile, la cause de sa condamnation ; il fut condamné secondement à restituer l'argenterie à la nation, les sommes confisquées sur les pauvres, à rendre aux citoyens lésés les sommes qu'il leur a fait payer.

Lac ne subit que la moitié de sa peine, le District ayant amnistié les voleurs.

Il rentra dans sa maison de Boisset où il chercha à faire oublier sa vie criminelle et où il mourut, après 1830, assisté de M. Lavaissière, curé de Boisset, après une agonie accompagnée de signes effrayants qui remplirent de terreur les personnes présentes.

Un mot sur un autre terroriste :

Jean-Baptiste Fau de Leinhac, notaire, fut agent national du Distret d'Aurillac, membre du comité, créé par Delthil, de la Commission Révolutionnaire du Cantal, et de plusieurs administrations.

Depuis longtemps il convoitait le château de Solignac, commune de Boisset, qui appartenait à M. de l'Ecluse de la Chaussée, originaire de Lille. Celui-ci ayant émigré, le château avec plusieurs propriétés fut déclaré bien national, mis en vente et adjugé à Fau pour une poignée d'assignats, personne n'osant enchérir par crainte du maire démagogue. Madame de la Chaussée réclama en vain.

Fau alla habiter Solignac où plus tard il maria son fils avec une fille du fameux Brugoux, d'Arpajon, et dès ce jour le vieux château devint le rendez-vous des chasseurs et des libertins du pays qui s'y livraient à des orgies dont on n'a pas oublié le souvenir. Ce fut au milieu de ces folies que Fau fut saisi par la mort. On entendit un jour des cris épouvantables. C'était Fau désespéré qui hurlait : Quelque chose m'étrangle ! Au secours ! Il expira sans aucun secours de cette religion qu'il avait poursuivie de sa haine et le peuple vit dans les circonstances de cette affreuse mort un châtiment de Dieu.

C'est encore dans ce château auprès de sa fille, qu'il était venu visiter, que mourut Brugoux, vers 1826.

A Paris, Carrier, l'inventeur des bateaux à soupape, le noyeur de Nantes, avait été guillotiné, le 16 décembre 1794. Romme et Soubrany, députés du Puy-de-Dôme, montèrent à leur tour sur l'échafaud, le 17 juin 1795.

Enfin, après onze mois de détention, la cour de Riom allait, en octobre 1795, prononcer sur le sort de nos terroristes, lorsque la Convention, sur le point de se dissoudre, vota une amnistie générale pour tous les faits relatifs à la politique révolutionnaire. Ce fut sous le bénéfice de ce décret de l'assemblée expirante que nos concussionnaires et assassins furent mis en liberté et rentrèrent dans notre pays épouvanté de leur triomphe et de leur audace.

François Boudier, condamné à vingt ans de

galères, fut, lui aussi, amnistié et reparut dans les rues d'Aurillac plus effronté que jamais.

« Quoi qu'il en soit, dit le contemporain Gourlat de Saint-Etienne, du décret de la Convention qui remit en liberté Boudier et ceux qui étaient en jugement à Riom, ce n'en étaient pas moins des voleurs qui avaient dilapidé la fortune publique et particulière, des scélérats enrichis de vols à la face du public, surtout Hébrard et Alary. Hébrard, ex-président du tribunal criminel, devait, au commencement de la Révolution autant qu'il avait et depuis il avait acquis et payé de superbes biens nationaux malgré la dépense scandaleuse et les profusions de sa maison.

Alary, ex-procureur, était un des grands fripons de la ville d'Aurillac dans l'ancien régime et dans le nouveau l'agent de tous les détenus dont il extorquait l'argent, sous prétexe de leur procurer la liberté.

Malgré la suppression de son état, il avait trouvé par là le moyen de payer son office qu'il devait encore, d'acquérir une maison, malgré la vie la plus scandaleuse et la plus libertine. »

CHAPITRE XII

ANNÉE 1795. — DÉCRETS SUR LA LIBERTÉ DES CULTES. — MOUVEMENTS RELIGIEUX DANS LE PUY-DE-DOME ET LE CANTAL. — FIN DE LA CONVENTION.

L'année 1795 commence, année d'apaisement relatif et de réaction; la politique a quelques velléités de prendre une direction nouvelle; l'atmosphère s'adoucit; dans les âmes la terreur fait place à l'espérance; la Convention elle-même, saturée de sang, épuisée par sa propre fureur, épurée de ce qu'il y avait en elle de plus atroce et monstrueux, poussée d'ailleurs par l'opinion publique qui manifestait de plus en plus son horreur pour les moyens violents, fit mine de s'adoucir, d'afficher des sentiments de modération et de justice.

Désespérant de détruire dans le cœur des populations l'esprit de foi et comprenant que le sentiment religieux, comprimé pendant plus de quatre ans, reparaissait avec force et faisait explosion de tous côtés, elle voulut paraître dévouée au peuple et, en conséquence elle lui donna un peu de cette liberté qu'il demandait à grands cris.

Le 3 ventôse, an III (21 février 1795), elle décrète que l'exercice d'aucun culte ne sera troublé, que l'Etat ne fournira ni salaire, ni local et que les cérémonies religieuses se feront à huis clos dans des lieux choisis pour cela. C'était la liberté restreinte et le peuple la veut tout entière. Il la prend; partout il plante des croix, sur les routes, dans les champs; il appelle les prêtres cachés, fait célébrer la messe dans les maisons, quelquefois en plein air au milieu des villages; les prêtres reviennent de l'exil en grand nombre.

Dans beaucoup de localités, les fidèles demandent, quelquefois avec tumulte, que les églises soient rendues au culte, que les ornements, préservés du pillage et de l'incendie, leur soient livrés.

Le mouvement s'accentue si fortement dans toute l'Auvergne que les administrations se voient débordées; elles ont beau expliquer que la loi défend toute cérémonie extérieure, tout culte public, le peuple ne veut pas l'entendre ainsi; de là du tumulte, des violences, des voies de fait, des flots de réprobation.

A Besse, dans le Puy-de-Dôme, les citoyens étaient réunis, le 6 septembre 1795, dans l'église paroissiale à l'effet d'émettre leurs vœux sur la constitution que la Convention venait de promulguer. Aucun acte d'hostilité ne se manifesta contre elle dans cette séance, mais le lendemain, l'assemblée fut tumultueuse, houleuse et manifesta sa réprobation contre une constitution qui ne donnait aucune liberté à l'exercice du culte catholique.

En vain François Cothon, président du tribunal du District, exhorta les citoyens au calme; l'un d'eux Claude Maisonneuve l'arracha de son fauteuil, plaça ce fauteuil sur une table et s'y installa en qualité de président; deux autres, Landies et Bolinard, prennent la parole et s'écrient : « Nous ne voulons pas de cette constitution; nous voulons un roi et la messe! » Les femmes accourues à ce bruit s'écrient à leur tour : « Nous voulons la religion! on ne nous mènera pas, nous! » elles exigent le procès-verbal de la séance de la veille et le déchirent. Admirat, curé constitutionnel, veut intervenir; on le bafoue, on écorne son chapeau, on le saisit au collet et on le fait pirouetter en criant : « Voici l'ange Gabriel! » et on le chasse de l'église.

A chapeaux levés, la royauté est proclamée. Plusieurs hommes et quelques femmes sont arrêtés ; les uns sont acquittés les autres, condamnés à la prison, profitent bientôt de l'amnistie qui délivre les prisonniers condamnés pour opinion politique. (1)

Les prêtres constitutionnels veulent aussi de leur côté rétablir leur culte, mais on les repousse, le peuple n'en veut pas. Payet, curé constitutionnel de Montferrand, exhalait ses plaintes dans une lettre : « Les réfractaires, disait-il, reparaissent dans les paroisses, reprennent leurs fonctions. Nous, nous sommes pour ainsi dire seuls contre tout le monde. On loue, on achète des locaux pour les réfractaires où ils tiennent leurs assemblées religieuses. On se détache de nous pour courir après eux. Bientôt nous allons nous trouver seuls pour nous. Le peuple est crédule... Est-il possible que ce peuple puisse ouvrir les yeux en entendant chaque jour des imprécations contre nous, en voyant rebaptiser, remarier, reconfesser ceux qui l'avaient été par nous... » (2)

A Mauriac, même avant la loi du 3 ventôse, le

---

(1) *Le Tribunal criminel de Clermont*, pag. 237.
(2) *Bulletin de l'Auvergne*, n° 9, p. 240.

mouvement religieux avait pris de si grandes proportions que le Comité révolutionnaire de cette ville se crut obligé de le modérer.

Dans sa séance du 23 nivôse an III (12 janvier 1795), un membre du Comité, ayant demandé la parole, dit « que depuis quelque temps l'esprit public semblait faire un pas rétrograde, que les monuments de la superstition allaient être rétablis, que de toutes parts on relevait les croix, que les clochers abattus seraient relevés aux frais des municipalités, que les ci-devant prêtres allaient rentrer en fonctions, que les décadis n'étaient plus observés, qu'on se permettait de travailler ces jours-là et de chômer les dimanches et fêtes... »

La matière mise en délibération, le Comité arrête « que les officiers municipaux des communes du District seront tenus de parcourir leurs communes pour abattre les croix, dénoncer tous les contrevenants aux lois sur les ci-devant dimanches et fêtes décadaires, pour dénoncer également tous les prêtres réfractaires que le bruit public annonce occuper le territoire... »

Loin d'arrêter le mouvement, cet arrêté l'accéléra en exaspérant les populations. Dans les campagnes, même dans la ville, les fidèles continuèrent à s'assembler dans les maisons, autour des croix pour y entendre la messe, prier et chanter des cantiques.

Dans la nuit du 5 au 6 avril, un attroupement se forma en pleine rue dans la ville de Mauriac, *sous un prétexte religieux*, dit le procès-verbal. La gendarmerie le dissipa et, le lendemain, l'agent national, Delmas, se présenta au Conseil municipal et « retraça les principales circonstances de l'attroupement nocturne de la ville et de ceux qui s'étaient formés, les jours derniers, dans les campagnes autour des croix nouvellement érigées... »

Sur ce, le conseil municipal « arrête que le culte privé sera protégé, fait défense de former des rassemblements, enjoint aux habitants, qui ont planté des croix, de les enlever... »

L'indignation générale ne se calme pas et, le 18 avril, le peuple Mauriacois manifeste sa colère en écorçant l'arbre sacré de la liberté. Furieux, le conseil municipal arrête qu'il sera donné une récompense de cent cinquante francs au dénonciateur du coupable.

Le 30 mai, la Convention autorisa les communes à livrer aux fidèles les églises non aliénées.

Ce décret fut publié, à Mauriac, le 11 juin, et deux jours après, le conseil municipal rentrant, après la publication des lois, dans le lieu ordinaire de ses séances fut suivi par un nombre considérable de femmes qui eut bientôt rempli la cour et l'escalier, demandant avec tumulte qu'il leur soit permis d'appeler des prêtres catholiques. Le Conseil leur répond que la loi avait déterminé les conditions auxquelles les prêtres fidèles pouvaient être admis à rentrer dans leurs fonctions, qu'en s'y conformant ils pourraient être assurés de trouver dans le conseil protection et appui. Cette réponse fut mal reçue de la multitude. Obligée de se retirer, elle se porta au collège pour y réclamer les ornements du culte qui y avaient été déposés. Le conseil envoya plusieurs de ses membres pour tâcher de dissiper par la persuasion l'attroupement et l'empêcher de se livrer à quelque excès. Ces commissaires en effet parvinrent à diminuer le nombre des manifestants et crurent un instant que la foule finissait par se dissiper ; mais à peine furent-ils partis qu'elle se porta de nouveau au collège, força la porte du citoyen Mas, qui avait la garde des ornements, et brisa des statues en plâtre déposées au musée national, puis, effrayée de sa propre audace, elle se retira et se dispersa. Dénoncées au juge de paix, plusieurs citoyennes allèrent donner au conseil l'assurance de leur soumission aux lois et tout rentra dans l'ordre. Pour éviter ces mouvements populaires, la municipalité donna aux habitants de Mauriac l'autorisation d'exercer le culte religieux dans l'église de Notre-Dame des Miracles et consentit à leur vendre les ornements sacrés qui avaient été déposés et conservés à la Mairie et au collège. Cette vente produisit une somme de cinq mille deux cent quatre-vingt-treize francs, dix sous, laquelle fut déposée dans la caisse de la commune. (1)

Vers le même temps, Chazal, envoyé dans le Cantal après Musset, porta un arrêté qui mettait tous les prêtres en liberté pourvu qu'ils fissent leur soumission à la République.

Des faits semblables à ceux de Mauriac que nous venons de raconter se produisirent dans presque toutes les localités de l'Auvergne.

A Saint-Flour et dans les paroisses du District on plante des croix, on demande l'ouverture des églises. Le 21 mai 1795, la municipalité « considérant que le fanatisme fait des progrès, arrête que toutes les croix seront renversées, notamment celle qui s'élève à côté de la chapelle ruinée du Calvaire. »

Mais plus tard elle fut obligée de céder aux injonctions réitérées du peuple et par arrêt du

(1) Archives de Mauriac.

8 juillet, elle livra aux fidèles les ornements religieux qui avaient échappé au pillage et à l'incendie.

Au Vigean, le 12 juillet, un attroupement considérable se forma et se mit à la poursuite de Jarrige, maire de la commune, et de Queuille, procureur. L'émeute poursuivit le maire jusqu'à Mauriac et le bloqua dans la maison Diernat-Delkaire aubergiste. Le conseil municipal de la ville, averti du mouvement, requiert trente hommes de la garde nationale et la brigade de gendarmerie pour aller délivrer le maire du Vigean et en même temps il envoie deux parlementaires pour dissiper l'attroupement qui grossissait sans cesse et mettait en danger la vie du citoyen Jarrige. Le conseil ordonne de battre la générale dans toutes les rues de la ville Ce déploiement de forces fait lever le siège. Jarrige et son compagnon Serre sont conduits en sûreté au sein du conseil municipal dans la maison commune que l'on fait garder. Les habitants du Vigean s'éloignent en proférant des menaces.

A Chastel, la municipalité elle-même, le 30 mars, nommé un commissaire pour aller descendre le bonnet phrygien, arboré sur le ci-devant grand clocher, le drapeau tricolore et la pique dressés où était le ci-devant petit clocher, puis trois autres drapeaux tricolores, attachés, l'un à la chaire du temple de la Raison, l'autre sur la maison commune, le troisième servant d'étendard.

A Saint-Etienne-de-Maurs, les femmes demandent leurs prêtres et comme elles trouvent de la mauvaise volonté dans les agents de l'autorité, elles les poursuivent de menaces et de propos fort épicés. Le citoyen Jalinques de Bersagol, agent national de Saint-Etienne, se présente devant l'administration départementale, à Aurillac, et dit « que le 18 juin 1795, il a été attaqué, sur la place publique de Maurs, par une troupe de femmes qui, après avoir tenu les propos les plus séditieux, l'ont menacé, s'il ne remettait pas les vases sacrés et autres effets mobiliers de l'église de Saint-Etienne; qu'une heure après il a été assailli par les mêmes femmes soutenues par quelques hommes, porteurs d'une canne à épée, et que c'est au milieu des plus grands dangers qu'il s'est sauvé dans la maison du citoyen Chaules, aucune autorité n'ayant paru pour le défendre et calmer les séditieux.

Le même jour, l'administration départementale reçoit la dénonciation faite par le maire et l'agent national de Saint-Mamet, qui se plaignent d'avoir été insultés et menacés par un attroupement de femmes au nombre de soixante, lesquelles leur ont annoncé qu'elles reviendraient sous peu de jours si la municipalité ne leur remettait pas un battant de cloche autrefois enlevé de l'église.

Le même jour encore, au siège de l'administration départementale fut déposée une dénonciation faite par Jean Granet, agent national de Sansac-Marmiesse, qui se plaint d'avoir été insulté par des femmes attroupées, qui se sont portées en grand nombre chez lui et lui ont fait les plus violentes menaces.

Le 20 juin, après avoir délibéré sur ces dénonciations, l'administration du département improuve la conduite des autorités et de la gendarmerie de Maurs, ordonne l'arrestation des hommes et des femmes qui lui ont été signalés comme les principaux moteurs des séditions de Saint-Etienne de Maurs, de Saint-Mamet et de Sansac-Marmiesse.

Ces arrestations n'empêchent pas le mouvement ; le sentiment religieux grandit, se fait jour partout ; il déborde.

A Aurillac, les habitants se précipitent dans les églises où les prêtres catholiques, sortis des cachots, des cachettes, disent la messe ; mais ce qui les ennuie, les trouble, les froisse c'est que les constitutionnels viennent exercer leur culte dans les mêmes églises ; indignés de cette profanation, ils adressent à la Convention une pétition, demandant que les constitutionnels soient exclus des églises de Saint-Géraud et des Cordeliers.

Nous n'avons pu retrouver cette adresse, mais voici ce qu'en dit Marcellin Boudet dans son livre *les Tribunaux criminels*, page 173 : « Une pétition signée par 763 personnes d'Aurillac, représentant, par elles ou les membres de leur famille, la majorité de la population sachant écrire, demande à la Convention l'affectation exclusive aux cérémonies catholiques des églises de Saint-Géraud et des Cordeliers que les catholiques ont réparées à leurs frais. « Si on réunissait les cultes dans un même lieu, disent les signatures, les Constitutionnels trouveraient moyen d'exciter du trouble qu'ils attribueraient aux honnêtes gens, qu'ils qualifieraient de royalistes. Le culte serait dérangé, peut-être supprimé. Les exposants aiment leur culte ; ils respectent les opinions d'autrui, ils aiment la paix, le bon ordre ; ils cherchent à éviter toute occasion de trouble... et c'est pour cela qu'ils tiennent aux édifices qui leur ont été accordés et qu'ils ont réparés. Dans ces circonstances, les exposants, qui forment la très grande majorité de la commune, vous prient de confirmer l'arrêt du représentant Chazal, du 30 thermidor dernier... »

Nous ignorons quelle réponse fit la Convention à cette adresse.

Partout dans le Puy-de-Dôme et le Cantal les populations dans la joie croyaient à la fin de la Révolution, les prêtres rentraient de l'exil ou sortaient des cachots.

Mais bientôt sur le point de se séparer, la Convention revint à ses anciennes fureurs et porta plusieurs décrets qui remettaient en vigueur les lois persécutrices. Pour se conformer aux volontés de l'Assemblée, dans son agonie, l'administration du Cantal porta l'arrêt suivant en date du 31 octobre 1795 :

« Art. 1er. — Les directoires de District, les municipalités et tous les bons citoyens sont expressément chargés de faire traduire de suite à l'administration du département tous les prêtres qui n'ont pas prêté les serments prescrits par les lois ou qui les ont rétractés.

Art. 11. — Les gardes nationales et les gendarmeries feront toutes les perquisitions nécessaires pour arrêter lesdits prêtres... »

Voilà donc la persécution reprise dans le Cantal comme partout ailleurs.

Enfin la Convention finit sa triste carrière. C'est le 25 octobre 1795, qu'elle fut dissoute. Des vingt conventionnels d'Auvergne quatre, Couthon, Romme, Soubrany et Carrier étaient morts sur l'échafaud. Les autres rentrèrent dans leur pays où ils vécurent dans des positions plus ou moins honorables et agitées.

PIÈCES JUSTIFICATIVES

N° 1ᵉʳ

LISTE DES GENS SUSPECTS, CONTRE-RÉVOLUTIONNAIRES ET CONSPIRATEURS DU DISTRICT D'AURILLAC (DÉPARTEMENT DU CANTAL).

Falvelly, ancien administrateur du département.

A toujours ralenti, éludé ou entravé l'exécution des lois populaires ; s'est empressé de faire publier et exécuter les lois tyranniques de l'Assemblée constituante et de l'Assemblée législative ; a toujours fréquenté, protégé et défendu les émigrés, leurs parents, les prêtres insermentés et tous les contre-révolutionnaires ; a constamment poursuivi et vexé les patriotes ; royaliste effréné, prônant hautement et partout les maximes de la contre-révolution.

Devèze, ancien procureur du roi, ancien procureur-syndic du District d'Aurillac, arrêté.

Ami intime de Falvelly et coupable des mêmes crimes,

Vacher, dit Bourlanges.

Ami de Falvelly, partageant ses exécrables opinions. Il est fils d'un subdélégué de Mauriac qui a amassé une grosse fortune, des sueurs et des deniers du peuple, par sa place; ancien secrétaire du roi.

Altaroche, ancien président du département.

Lié à tous les contre-révolutionnaires du département, adroit défenseur de tous les conspirateurs, de tous les parents émigrés; chaud partisan des Brissotins et Girondins; premier provocateur du fédéralisme dans le Cantal; auteur et rédacteur d'une adresse infâme contre la Convention nationale et notamment contre la Montagne; il la représente à la fin d'une séance qu'il avait astucieusement convoquée et, quoiqu'elle n'y fût point arrêtée, il la fit imprimer dans la nuit et la livra le lendemain matin avec profusion à la distribution : grand coupable, grand conspirateur.

Vaissier, membre de l'administration départementale.

Ex-prêtre, intrigant et dangereux, prêchant les maximes du fédéralisme avant qu'il éclatât, le prônant au moment où il se manifesta; ayant invectivé avec fureur la commune d'Aurillac en ce qu'elle n'y adhérait point, ayant voulu suspendre la vente d'un bien d'émigré par un arrêté signé de lui et de Dolivier, à l'insu de l'administration. Auteur et rédacteur d'une adresse infâme, présentée au nom de la Société populaire de Saint-Flour contre les représentants du peuple Faure et Lacoste et contre la Montagne.

Dolivier, membre de l'administration du département; avant de l'arrêter faire informer contre lui.

Contre-révolutionnaire, sous les couleurs du Feuillantisme et du modérantisme, ne fréquentant que les gens suspects et les Feuillants, ayant voulu suspendre, de concert avec Vaissier, par un arrêté frauduleux, la vente d'un bien d'un émigré.

Rames, ancien administrateur du département.

Feuillant et fédéraliste.

Ganil, administrateur du département.

Feuillant et fédéraliste.

Desprats, entrepreneur de la confection des routes.

Feuillant, fédéraliste, agioteur, accapareur, prônant dans tous les départements, les discours et les éloges du Marais et la haine de la Montagne ; grand partisan et prôneur de Rolland.

Lafon, ancien juge au tribunal criminel du département.

Contre-révolutionnaire très décidé sous les dehors du plus puant feuillantisme, ne fréquentant que les gens suspects et contre-révolutionnaires, en étant le défenseur perpétuel, en invoquant l'exécution de la loi ; chaud partisan de Rolland, de Brissot, du Marais, détracteur continuel, calomniateur atroce de la Montagne, des Parisiens et des Jacobins, partisan opiniâtre et provocateur à grands cris du fédéralisme.

Delolm La Force, ancien président de l'élection d'Aurillac.

Aristocrate, contre-révolutionnaire prononcé, prôneur de la contre-révolution, désirant ouvertement le retour de l'ancien régime depuis la révolution, détracteur et pitoyeur hypocrite tour à tour du nouveau régime et de ses moindres revers, apologiste continuel de l'ancien, fréquentant continuellement les parents des émigrés ; universellement soupçonné d'entretenir correspondance avec eux et de leur en avoir fait passer depuis l'émigration, calomniateur et perséculeur des patriotes, ayant constamment soufflé et fait circuler le poison de l'aristocratie et du fanatisme, protecteur de tous les fanatiques.

Delolm Mazerolles, ancien garde du ci-devant roi et ci-devant chevalier des 15.000.

Emissaire de tous les émigrés du Cantal, ayant acheté publiquement le numéraire pour le leur faire passer. C'est le premier qui a introduit ce commerce infâme à Aurillac, qu'il y a fait scandaleusement et qui y a fait porter le numéraire à un prix excessif en l'accaparant par millions, obligé de fuir et de se cacher pendant longtemps à cause de ses crimes contre-révolutionnaires ; lié avec tous les conspirateurs, affichant publiquement l'aristocratie, entretenant des correspondances avec les émigrés et conspirateurs de l'intérieur.

Capelle, ancien mousquetaire.

Ami intime et lié de tout temps avec Delolm Mazerolles et tous les contre-révolutionnaires du Cantal, ne fréquentant qu'eux et ne vivant qu'avec eux ; son neveu à qui il a donné tous ses biens est émigré ; la correspondance entre eux est infaillible.

Lagarde, père, ancien chevalier de Saint-Louis.

Contre-révolutionnaire forcené, parent, ami et lié avec tous les émigrés et conspirateurs du Cantal, prônant et désirant hautement la contre-révolution ; ayant assisté à la conspiration de Lyon qui fut tramée sous l'Assemblée Constituante.

Verdier dit Dubarrat et sa femme.

Le mari, dans l'ancien régime, jouissait universellement de la réputation d'un des hommes les plus improbes du Cantal ; il s'est acquis une très grande fortune par des ressources illicites ; dans le nouveau il a affiché, ainsi que sa femme, l'aristocratie la plus prononcée ; ils ont attisé le fédéralisme dans leur commune, y ont fait révolter les cultivateurs, ont fait émigrer leur fils, âgé de 16 ou 18 ans, lui ont fourni les fonds pour l'émigration et ne peuvent qu'entretenir correspondance avec lui.

Roquemaurel père, dit Despinassol.

Ex-noble, aristocrate ouvert, fanatique et fanatiseur, receleur de tous les prêtres fanatiques, ayant son fils émigré.

Boschatel père et ses fils, appelés Lamartinie.

Tous, anciens gardes du roi, aristocrates dévergondés, ayant des fils et frères émigrés.

Durieu, agent des affaires de la ci-devant maison de Conros.

Scélérat et contre-révolutionnaire comme ses maîtres, affichant publiquement l'aristocratie, persécuteur des patriotes, ayant affermé à un prix excessif les biens des ci-devant Conros, anciens seigneurs, pour les leur conserver dans l'espoir de la contre-révolution.

La ci-devant veuve de l'ancien baron de Conros d'Aurillac.

Furieuse contre-révolutionnaire, ayant ses trois fils et tous ses gendres émigrés.

La ci-devant veuve de Barrat, veuve Fontanges.

Conspiratrice effrénée, depuis la Révolution, ayant son fils émigré, ayant resté à Lyon, pendant la dernière conspiration qui a eu lieu, avec son ancien aumônier qui y a été guillotiné, avec son fils second, ex-prêtre qui y a péri ou y a été guillotiné, et deux jeunes gens contre-révolutionnaires qui y ont été guillotinés, qu'elle y soudoyait ; est hors la loi, d'après le décret de la Convention nationale sur Commune affranchie.

*Le nommé Crozet père, ci-devant d'Hauterive,
ancien procureur du roi
et ancien secrétaire de Capet.*

Voleur, brigand dans l'ancien régime, aristocrate dans le nouveau, ayant deux ou trois fils émigrés, leur ayant inspiré le dessein et fourni les fonds pour l'émigration.

La nommée Saint-Silvestre, femme du dit Crozet.

Voleuse et brigande comme lui dans l'ancien régime, aristocrate et coupable comme lui dans le nouveau ; femme dévergondée et la plus exécrable du Cantal.

La nommée Lachenaye, femme de Crozet, dit la Plaije.

Ex-noble, aristocrate et fanatique forcenée, ayant grandement coopéré à l'émigration de son mari.

Le nommé Crozet, dit Dubuy, ex-prêtre.

Fanatique, contre-révolutionnaire adroit et prononcé, ayant tous ses frères émigrés.

La nommée Vigier Dorsset veuve Niossel.

Aristocrate abominable, ayant fait émigrer deux de ses fils fort jeunes. Son mari ayant péri dans une insurrection, à cause de ses vols et de ses cruautés dans l'ancien régime et de son aristocratie dans le nouveau ; ce monstre avait fait feu sur les patriotes.

Niossel fils, ancien Maltais.

Fanatique contre-révolutionnaire, ayant deux frères émigrés, parlant ouvertement le langage de la contre-révolution, entretenant, ainsi que sa mère, correspondance avec des frères émigrés.

Cailhac, dit Beauclair et sa femme.

Anciens nobles, prôneurs de la contre-révolution, s'étant retirés à Clermont pour avoir plus de facilité à conspirer et d'entretenir correspondance avec les Lyonnais et les émigrés, violemment soupçonnés d'avoir fourni des fonds pour l'émigration du Cantal.

Cailhac-Beauclair, dit Lagrilière.

Ex-noble, grand usurier, antique tyranneau de province, aristocrate ouvert et prononcé, soupçonné fortement ainsi que son frère, tous deux puissamment riches, d'avoir fourni des fonds aux émigrés du Cantal.

Carbonat père.

Ex-noble, aristocrate ouvert, fanatique à l'excès, ayant fait émigrer son fils aîné dans un âge très tendre.

*Masfre, veuve de Lyons, ancien conseiller,
et ses deux filles.*

Fanatiques à l'excès, propageant partout les maximes fanatiques, ayant coopéré dans leur commune à une rebellion pour cause de fanatisme ; s'étant retirés à Clermont avec tous les conspirateurs du Cantal qui entretenaient des correspondances avec Lyon et les émigrés.

Lachenaye dit Monteilly le boiteux.

Ci-devant noble, aristocrate enragé, fanatiseur très dangereux, persécuteur des patriotes dans sa commune, fauteur et receleur des prêtres insermentés et de tous les fanatiques, ayant un frère émigré.

La veuve Lachenaye et Lachenaye, sa fille boiteuse.

Ex-noble, aristocrate fanatique, professant ouvertement l'aristocratie et le fanatisme, ayant un fils et un frère émigrés.

*Veyrines femme Couderc, Anne Veyrines, sa sœur
et Veyrines, ancien chanoine.*

Fanatiques outrés, ayant constamment donné asile à tous les prêtres réfractaires, insultant les femmes patriotes, attirant à elles les femmes faibles et fanatiques pour les faire assister aux cérémonies clandestines des prêtres insermentés.

Veyrines le chanoine, ex-prêtre, persécuteur des anciens censitaires de Saint-Chamant où il était chanoine, en ayant ruiné plusieurs par ses vexations, grand fanatique; contre-révolutionnaire dangereux.

Canteloube Marmiers et sa femme.

Royaliste effréné, maudissant la journée du 10 août, la déchéance et la mort du tyran, chevalier des 15000, conservant sa femme à Clermont, avec les autres conspirateurs du Cantal, la femme partageant les opinions du mari.

Jugeals, Veillant Laboutat et Veyrac, sa femme.

Ex-nobles, prôneurs de la contre-révolution, propagateur de fausses nouvelles, généralement soupçonnés d'avoir fourni des fonds aux émigrés.

Cambefort, dit Moneau.

Aristo-bête détestant les patriotes, fréquentant les contre-révolutionnaires, destitué pour cause d'incivisme de sa place de lieutenant de gendarmerie.

La femme du nommé Déjiou, demeurant à Aurillac, rue ci-devant du Prince.

Aristocrate enragée ; son mari qui avait émigré en Espagne était ensuite rentré et détenu à

Paris; il a trois frères émigrés; il leur a fait consentir quittance de leurs droits avant leur émigration pour frustrer la République de leurs biens.

Daubini, neveu de la femme Déjiou.

Ancien conseiller au Châtelet, forcé de quitter Paris pour se réfugier à Aurillac dans le dessein de s'assurer l'impunité ; prônant partout l'aristocratie, parent de l'infâme Mallet Dupon, l'un des juges du Châtelet qui n'ont point voté la mort de Favras.

La veuve Léron demeurant à Aurillac, rue du Collège, ou dans la commune de Laroquebrou.

Aristocrate forcenée, veuve d'un ancien garde du roi, fanatisant sa commune, ayant fait émigrer son fils aîné.

Léron, son fils cadet, dit Lavige, demeurant avec sa mère.

Prêchant partout l'aristocratie et le fanatisme, ayant cherché à enrôler et ayant réellement enrôlé pour l'armée des émigrés.

Laurus, ancien garde du roi.

Contre-révolutionnaire décidé ; dès l'aurore

de la Révolution, homme infiniment dangereux par ses écrits et ses discours, prônant publiquement la contre-révolution.

Malroux, dit Dézorière, ancien avocat du roi.

Contre-révolutionnaire le plus décidé, ayant constamment blâmé la Révolution dans toutes ses périodes; fédéraliste enragé, partisan effréné du royalisme.

Esquirou, dit Peuchmage.

Partageant et professant hautement les mêmes opinions que Malroux-Dérozière, jouissant d'une très mauvaise réputation sous le rapport de la probité.

Carrière, ex-conseiller, et son fils aîné et la femme du père.

Tous les trois contre-révolutionnaires prononcés, le père très signalé par son improbité, le fils escroc et voleur en différentes reprises.

Lacarrière, ancien lieutenant-général.

Aristocrate caché et dangereux, désirant le retour de l'ancien régime, ayant retardé le remboursement de sa charge; ses confrères ayant touché le remboursement des leurs dans l'espoir de la contre-révolution.

Capelle, ancien conseiller.

Brigand scandaleux dans l'ancien régime ; conspirateur dans le nouveau, ayant accumulé une fortune de cinq à six mille livres aux dépens de plusieurs familles ruinées, après avoir plaidé un bien considérable avec le citoyen Majoninq, qu'il voulut retirer de ce dernier par droit féodal, après lui avoir fait payer de gros dépens, il eut le bien, sans bourse délier, et Majoninq fut encore obligé de lui payer une somme convenue ; fameux agioteur, prêteur sur gage et ususier, n'avait dans le principe qu'un patrimoine fort modique, obligé de quitter le pays, pour éviter la juste indignation et la juste réclamation de ceux qu'il avait injustement dépouillés de leurs biens, s'étant retiré à Clermont, avec les autres conspirateurs du Cantal, y ayant demeuré pendant les derniers troubles de Lyon, grand fabricateur et propagateur de fausses nouvelles, annonçant continuellement la rentrée du feu parlement en robe rouge.

Maurel, notaire, et Baptistat, sa femme.

Le mari jouissant de la plus mauvaise réputation d'improbité à cause de ses vexations dans l'ancien régime, comme huissier ; sa femme a la même réputation, tous les deux contre-révolutionnaires et fanatiques, surtout la femme.

Les nommés Baptistat, tous deux ex-prêtres.

L'aîné regardé comme un fripon, tous les deux aristocrates, fanatiques et fanatiseurs dangereux.

Larribe, ancien lieutenant particulier, assesseur criminel.

Aristocrate impudent, ne vivant et ne fréquentant que les contre-révolutionnaires.

Lolier, ancien homme de loi.

Aristocrate outré, ayant refusé au commencement de la Révolution de porter la cocarde tricolore; ne voulant pas être appelé citoyen et ne donnant jamais ce beau nom à personne, se glorifiant d'être aristocrate et disant publiquement aux patriotes que les aristocrates parmi lesquels il se rangeait leur couperaient les oreilles; frère et jadis ennemi de l'ancien curé d'Aurillac, émigré et devenu son ami par identité d'opinions contre-révolutionnaires.

Lavalette, ancien prieur de Viescamps.

Aristo-bête, oncle d'émigré.

Les nommées Establies, mère et fille.

Fanatiques outrées, ayant constamment les prêtres fanatiques, ayant attiré chez elles les femmes crédules et fanatiques pour les faire assister aux cérémonies clandestines des insermentés, propageant adroitement le poison du fanatisme.

Laparra, ancien domestique de la ci-devant maison de Fontanges.

Valet de chambre infâme de l'aristocratie, intrigant, épiant la conduite des patriotes, émissaire des contre-révolutionnaires.

Mestrier, dit Lapierre.

Mouchard de l'aristocratie et leur espion.

Claux, ancien accusateur public.

Conseil, avocat de tous les contre-révolutionnaires et conspirateurs, leur ami, leur confident, muscadin insolent, ayant fait incarcérer et conjurer la perte de tous les patriotes qui s'étaient insurgés contre l'aristocratie ; leur ennemi décidé, destitué de sa place pour cause d'incivisme, lié avec toutes les femmes des émigrés, partisan outré du fédéralisme, du royalisme, du Marais, ennemi, détracteur de la Montagne et de tous les événements vigoureux de la Révolution qui ont amené l'égalité.

Larguèze, médecin, et Parizot, sa femme.

Brigand déhonté de l'ancien régime, ayant commis toute espèce de crimes et de forfaits pour entasser une fortune immense qu'on évalue aujourd'hui à près d'un million, tandis qu'il a laissé mourir son père banqueroutier, ce qui annonce qu'il n'avait aucune espèce de patrimoine ; ayant vexé, pressuré et subtilisé une infinité de particuliers et notamment un nombre infini de paysans qu'il a ruinés, agioteur, usurier, prêteur sur gage, obligé de fuir son pays pour éviter les réclamations infinies et le juste ressentiment des citoyens aux dépens desquels il s'est enrichi, réfugié à Paris, y a continué son agiotage et ses usures, soupçonné fortement d'avoir entretenu correspondance et fait passer des fonds aux émigrés.

Jaulhac, médecin.

Aristocrate le plus prononcé du Cantal, propagateur adroit de toutes les maximes contre-révolutionnaires, ne parlant jamais qu'aristocratiquement, calomniateur de toutes les opérations du Corps législatif depuis la convocation des

Etats généraux et notamment depuis le 31 mai, maudissant toutes les époques de la Révolution et principalement le 10 août et le 31 mai, détracteur scandaleux des Jacobins, des Parisiens et de toutes les Sociétés populaires, ne fréquentant et ne vivant qu'avec l'aristocratie, contre-révolutionnaire d'autant plus dangereux qu'il a d'autant plus de talents, d'esprit et de finesse dans les discours, grand provocateur et chaud partisan du fédéralisme.

Vanel, ex-curé.

Grand partisan de la Constitution de 1791, feuillant à l'excès, provocateur de la force départementale au commencement de la session de la Convention, chaud partisan du Marais, calomniateur, détracteur de la Montagne, ayant croisé les opérations du représentant du peuple, Lacoste, lors de sa mission dans le Cantal, ayant cherché à avilir la représentation nationale dans un discours qu'il osa prononcer à cette époque en présence du représentant du peuple, Lacoste, qu'il fit imprimer et distribuer avec profusion, discours rempli des plus fausses et des plus dangereuses suggestions et le plus capable d'égarer les citoyens, tendant tout entier à l'avilissement de la Convention, ne formant qu'une censure complète contre la Montagne, persécuteur des patriotes prononcés, ayant injurié indécemment le représentant Lacoste, l'ayant qualifié de polisson parce que Lacoste s'élevait contre les fédéralistes du Cantal.

Guitard, ancien gendarme.

Partisan ouvert de l'ancien régime, royaliste effréné, ayant constamment blâmé la Révolution, la représentation nationale, les assemblées du peuple, les Sociétés populaires, les garde-nationales, méprisant le tout, parlant avec dédain de nos armées, grand apologiste des armées des puissances coalisées, de l'armée noire des émigrés.

Larguèze, marchand, Gramet, sa femme et leur fils.

Venu à Aurillac, sans un sou de fortune, étant aujourd'hui puissamment riche, il tient sa grande fortune principalement de l'afferme des routes ci-devant seigneuriales, et du trafic infâme qu'il a fait sur les assignats, universellement soupçonné d'avoir fait passer des fonds aux émigrés, aristocrate contre-révolutionnaire décidé, recéleur avec sa femme de tous les prêtres réfractaires, faisant chez lui et avec eux des orgies scandaleuses, prêchant tous les deux le fanatisme et la contre-révolution, méprisant, insultant les patriotes ; leur fils muscadin outré, agioteur et usurier comme son père, méprisant et calomniant comme lui les patriotes, partisan chaud du fédéralisme et du Marais, calomniateur de la Montagne.

Cambefort-Mazin, homme de loi.

Egoïste, riche, impudent, muscadin à l'excès, feuillant modéré, fédéraliste, partisan du Marais, ennemi de la Montagne, pas bien dangereux.

Devèze, homme de loi.

Muscadin, fanatique et fanatiseur, pas bien dangereux.

Pagès-Marinac, homme de loi.

Aristocrate par principe, blâmant la Révolution à toutes ses époques, apologiste de feu Monsieur Capet et des ci-devant chevaliers français qu'il appelle les ornements de la France,

Déora, ancien juge de paix.

Aristocrate puant, fanatique, fanatiseur et persécuteur des patriotes, protecteur des contre-révolutionnaires, décriant hautement les assignats.

Delsuc, notaire.

Aristocrate très prononcé, ayant blâmé sans cesse et blâmant toujours la Révolution, fédéraliste, fanatique et fanatiseur.

Courbèze, homme de loi.

Aristocrate très prononcé par principe, blâmant toutes les époques de la Révolution, fédéraliste, ami du Marais, ennemi de la Montagne.

Alari, avoué.

Aristocrate effronté, blâmant ouvertement la Révolution et tous les décrets populaires, émissaire de l'aristocratie, décriant les assignats dans leur principe, criant contre la suppression de la robe et du clergé, fédéraliste outré, calomniateur indécent de la Révolution et de la Montagne.

Alari, aîné, marchand.

Aristo-bête, le plus méchant et le plus indécent d'Aurillac, ne fréquentant que l'aristocratie, tenant chez lui des conciliabules contre-révolutionnaires, insultant, méprisant, menaçant les patriotes, fédéraliste, grand calomniateur de la Montagne, de Marat, des Jacobins et des Parisiens.

Franiottes, expert.

Un des aristocrates prononcés du Cantal, ne fréquentant et ne vivant qu'avec l'aristocratie, publiant hautement les mauvaises nouvelles, les amplifiant, dénaturant les bonnes, en annonçant et propageant de fausses, blâmant publiquement la Révolution, fédéraliste, ennemi décidé et calomniateur de la Montagne.

Leigue, ancien chevalier de Saint-Louis.

Tenant à l'ancien régime, ne vivant et ne fréquentant que l'aristocratie, pourtant assez tranquille, étant ce qu'on appelle ancien officier de fortune.

*Giraud Bex, dit Balthazar, traiteur,
et la nommée Valet, sa femme.*

Tous les deux aristocrates fanatiques, se réjouissant des mauvaises nouvelles, contristés lorsqu'il en arrivait de bonnes, amis intimes du contre-révolutionnaire Delolm Mazerolles.

*Deldévez, agent d'affaires des ci-devant maisons
de Fabrègues et de la Serre.*

Agent et émissaire de la plupart des ci-devant de la commune d'Aurillac, tous, émigrés ou contre-révolutionnaires dans l'intérieur, aristocrate reconnu, persécuteur des patriotes, homme très dangereux.

Palavi ou Patavi, expert.

Aristocrate très prononcé, ennemi de la Montagne, des Parisiens, des Jacobins et des Sociétés populaires, tonnant sur le patriotisme du faubourg Saint-Antoine.

Sourniac, marchand.

Aristocrate et fanatique, ayant deux frères prêtres émigrés ou insermentés, le plus fort fanatiseur du Cantal, agioteur de numéraire, émissaire et espion des émigrés avant l'émigration.

Guittard, père, ancien avocat du roi.

Ayant joué le rôle de patriote enragé au commencement de la Révolution pour tromper la confiance publique, se montrant ensuite dans sa nudité, a été l'aristocrate le plus nettement et le plus fortement prononcé d'Aurillac, grand partisan de Lafayette, du côté droit de l'Assemblée législative où siégeait son fils, royaliste, fédéraliste, ennemi de la Montagne, des Jacobins, des Sociétés populaires, du faubourg Saint-Antoine et de l'égalité, ami du Marais.

Lasmolles, expert.

Contre-révolutionnaire décidé, ayant constamment blâmé la Révolution et les décrets populaires, surtout celui de la suppression des rentes, ennemi des Sociétés populaires et des sans-culottes, partisan du fédéralisme, ennemi de la Montagne et des Jacobins.

Laborie, médecin.

Ennemi du sans-culottisme, de la Montagne, des Jacobins, du Marais, du côté droit de l'Assemblée législative, méprisant les décrets de la Convention, qualifiant de chiffon son décret qui conduisait à la barre trois fédéralistes du Cantal, engageant publiquement la Société populaire et le peuple à ne pas y obéir et à s'opposer au départ des trois fédéralistes.

Laquairie, commis au District.

Emissaire stipendié par Rolland pour distribuer ses diatribes hypocrites, le prônant partout jusque dans les campagnes, ennemi et calomniateur de la Montagne, grand partisan du Marais, provocateur de la force départementale et du fédéralisme, ayant qualifié publiquement de « lettre de cachet » le décret de la Convention qui traduisait à la barre trois administrateurs fédéralistes du Cantal.

Jugeals Prallat, fille majeure.

Ex-noble aristocrate et tenant à toute l'aristocratie du Cantal.

Bastid, veuve Lachenaye, dite Lacondamine.

Femme d'émigré, contre-révolutionnaire impudente et enragée.

Sarret Fabrègues, femme Lacain.

Ex-noble, femme d'émigré, contre-révolutionnaire impudente et enragée.

Pau Marsal de Conros, femme d'Humières.

Ex-noble, femme d'émigré, sœur de trois émigrés, aristocrate forcenée.

Cahouet, ingénieur en chef du département.

Muscadin, ennemi de l'égalité, ne fréquentant que l'aristocratie, grand feuillant, ami et correspondant de l'ex-ministre Clavières.

Perret, ex-législateur et Guittard, fils.

Ennemis de l'égalité, des Sociétés populaires, feuillants enragés, ayant toujours siégé dans le côté droit de l'Assemblée législative, ayant toujours voté pour la défunte cour, pour le défunt tyran, pour les ministres dilapidateurs et contre-révolutionnaires, pour les généraux traîtres, jamais pour le peuple, ayant sollicité deux citoyens patriotes de quitter Paris à l'époque de la prise de Longwy et de Verdun, attendu, disaient-ils, que les Autrichiens et les Prussiens arriveraient bientôt à Paris pour le débarrasser de tous les Jacobins et de tous les factieux, persécuteur des patriotes du Cantal, fédéraliste, ennemi de la Montagne, partisan du Marais.

Gros de Salers, ex-législateur.

Ayant voté constamment comme les précédents législateurs, feuillants, fédéralistes et fanatiques.

Henri de Saint-Flour, ex-législateur.

Comme Gros, feuillant, fédéraliste et de plus ex-robin aristocrate.

Veyron de Saint-Flour, ex-législateur

Comme Gros, prêtre intrigant, chauf fédéraliste.

Perret, ex-prêtre.

Fanatique et fanatiseur outré, prêchant avec le fanatisme la contre-révolution.

La veuve Perret, sa mère, et Perret, sa fille.

Fanatiques très dangereuses, allant fanatiser sur les places, dans les rues et dans les maisons pour pervertir les femmes crédules.

Tous les individus de la famille de Sédaiges.

Ex-nobles, premiers moteurs de l'émigration dans le Cantal, exalteurs, persécuteurs des paysans dans l'ancien régime, contre-révolutionnaires forcenés dans le nouveau. Tous les fils sont émigrés.

Delzangles, dit Faussanges.

Fils d'un secrétaire du tyran, mort dans l'exercice des fonctions de sa charge, ayant épousé une femme ex-noble, contre-révolutionnaire ouvertement prononcé.

Tous les individus de la famille de Fargues.

Ex-nobles, les plus dangereux du Cantal, ont donné le premier signal de contre-révolution et de l'émigration. C'est dans leur ci-devant château que se tenaient les conciliabules clandestins et nocturnes de toute la ci-devant noblesse du Cantal pour y tramer des complots contre la liberté et la révolution ; les patriotes insurgés contre les ci-devant s'étant portés à ce repaire trouvèrent le château rempli d'armes et de munitions, les ex-nobles s'étant enfuis à leur approche; tous les fils de cette famille sont émigrés.

L'ex-vicomte de Peyronnenq, sa femme et leur fils aîné.

Le père a été dans l'ancien régime un des ci-devant qui a le plus vexé et le plus maltraité les paysans. Ce fut lui qui, à l'Assemblée des Etats généraux, se donna le plus de mouvement, intriguant le plus pour engager la ci-devant noblesse du Cantal à ne renoncer à aucun de ses privilèges et qui en fit consigner l'arrêté dans le cahier des doléances, aristocrate forcené, dur, insolent et hautain depuis cette époque, ayant émigré en Espagne et rentré depuis; affichant toujours la marque orgueilleuse de l'ancien régime et professant ouvertement l'aristocratie; sa femme et son fils sont des aristocrates aussi ouverts, aussi prononcés que lui.

Jalinques, juge de paix à Maurs.

Contre-révolutionnaire prononcé, âme vendue à Peyronnenq, partisan de tous les contre-révolutionnaires, persécuteur acharné des meilleurs patriotes.

Ternat, fils, marchand chaudronnier.

Accapareur, agioteur, accaparant surtout les subsistances, ennemi des patriotes, de tous les sans-culottes, fédéraliste contre-révolutionnaire.

La femme Bruel, veuve Grognier.

Fanatique, contre-révolutionnaire, ayant entretenu correspondance avec son frère, ex-prêtre guillotiné à Lyon, et avec son fils aîné, guillotiné à Lyon pour cause de contre-révolution.

Faire arrêter tous les ci-devant nobles du département du Cantal; il n'y en a pas un seul de cette engeance proscrite qui n'y professe ouvertement la contre-révolution, qui ne répande dans la commune les nouvelles les plus alarmantes pour les gens crédules et ignares, sur de prétendus succès des armées coalisées et sur leur invasion certaine du territoire de la République. Leurs discours sont d'autant plus perfides et dangereux que, prenant un ton hypocrite et apitoyeux, ils vont partout se larmoyant sur la disette factice des subsistances et des denrées, que ces scélérats accaparent et recèlent et disent d'un ton doléant au peuple : « Nous ne souffrions « pas tant de misères dans l'ancien régime ; « nous étions bien plus heureux quand nous « avions un roi. Aujourd'hui nous mourons

« comme des bêtes, autrefois nous avions des
« prêtres pour nous consoler à la mort. »

Il n'est pas de propos perfides que ces scélérats ne tiennent et ne fassent parvenir aux paysans et sans-culottes des cités pour leur donner le dégoût de la Révolution et leur faire désirer le retour de l'ancien régime.

Donner à l'administration du département du Cantal, séant à Aurillac, l'ordre le plus positif de déporter dans le plus bref délai tous les prêtres réfractaires détenus dans les chefs-lieux de District et de rechercher ceux qui sont cachés dans les communes pour les faire également déporter. Cette race pestiférée empoisonne partout l'opinion publique. On verra avec satisfaction la déportation dans ce département. En adoptant ces salutaires mesures, en infligeant à tous les scélérats dont on présente ici la liste les peines que leurs forfaits méritent, forfaits que l'on a retracés avec la plus exacte vérité, en en omettant beaucoup que l'on ne connaît pas, le département du Cantal ne présentera plus qu'une masse de patriotes, purs, fermes, prononcés, courageux, sur lesquels la République pourra fonder les plus sûres et les plus solides espérances.

On ne présente pas ici la liste des contre-révolutionnaires du Cantal et des gens suspects des districts de Murat, de Saint-Flour et de Mauriac, formant avec celui d'Aurillac le département du Cantal, parce qu'on n'a pas les connaissances locales sur les individus de ces trois districts qui n'en contiennent pas peu. On pourrait remplir cette tâche en écrivant une lettre très forte aux Comités révolutionnaires de ces districts et avec les arrestations des ci-devant et la déportation de tous les prêtres insermentés, on remplirait le vœu de la Convention nationale, celui de purger la République de tous les ennemis qui en déchirent l'intérieur dans cette partie.

Paris, ce 15 prairial de l'an 2 (3 juin 1794), de la République française, une, indivisible et impérissable.

Signé : Carrier, député du Cantal.

SUPPLÉMENT

A LA LISTE DES CONTRE-RÉVOLUTIONNAIRES DU CANTAL.

Montlogis.

Ex-noble, demeurant à Dousque ou à Montlogis, fameux conspirateur, ayant publiquement affiché l'aristocratie la plus insolente depuis l'aurore de la Révolution ; ayant concouru à faire soulever les paysans de sa commune par le fanatisme ; scélérat infiniment dangereux.

Meallet Decours, père et fils.

Ex-nobles, contre-révolutionnaires ouverts, parlant hautement le langage de l'aristocratie, ayant mis leur commune en révolte et fait massacrer des patriotes par les armes du fanatisme ; ayant été conspirer à Lyon et s'y étant trouvés lors de la dernière rebellion.

Daudin, demeurant dans le canton de Vic.

Ex-noble vraiment émigré et rentré, je ne sais depuis quelle époque, aristocrate enragé, ayant toujours affiché l'aristocratie et menacé les patriotes avant son émigration.

Montclar.

Ex-noble rentré. Le tribunal criminel d'Aurillac a eu l'indécence de lui accorder un délai pour fournir ses certificats de résidence ; tandis que la notoriété publique constatait son émigratisn ; il est en liberté. Aristocrate abominable.

Clavy (ou Clary), officier de santé à Pleaux.

Commissaire du département de l'Hérault et porteur d'adresses fédéralistes dans le Cantal pour y proposer et propager ce typhus liberticide ; il lut ces adresses infâmes à la Société populaire d'Aurillac, fit tous ses efforts pour engager les citoyens et dans les sections à accepter cette mesure contre-révolutionnaire.

Dolivier, administrateur du département du Cantal.

Contre-révolutionnaire sous le masque du patriotisme dont il se couvre depuis le 31 mai, ne fréquentant que les aristocrates, ayant fait suspendre la vente d'un bien d'émigré par un arrêté frauduleusement pris par lui et par Vaissier, autre administrateur mis en arrestation par le Comité de sûreté générale. Dolivier est dénoncé à ce Comité par le Comité révolutionnaire d'Aurillac pour ce fait qui caractérise un vrai crime de contre-révolution.

Le nommé ci-devant chevalier de Sanches, demeurant dans la commune de Maurs.

Ex-noble, aristocrate exécrable, parlant ouvertement le langage de la contre-révolution, menaçant les patriotes des vengeances des émigrés, des Autrichiens et des Prussiens.

Delur, ci-devant marquis de Saluces.

Brigand déhonté dans l'ancien régime, ayant ruiné deux ou trois communes voisines de son château, ayant fait décréter par des juges contre-révolutionnaires, lors de la suppression des rentes au mois d'août 1790, plus de deux cents paysans qui, pressurés par lui, refusaient de les acquitter ; grand conspirateur depuis l'époque de la Révolution ; est en arrestation à Toulouse ; le traduire au Tribunal révolutionnaire. C'est un monstre ; mais auparavant l'amener dans les prisons d'Aurillac pour faire informer contre ce scélérat.

Meallet, dit Defaulat.

Ex-noble, contre-révolutionnaire achevé, se targuant d'être aristocrate, ayant trempé dans différentes conspirations.

La femme du dit Meallet Defaulat.

Contre-révolutionnaire aussi déhontée que son mari, ayant conseillé a son mari d'émigrer.

Falvelly, ex-prêtre, demeurant à Maurs.

Fanatique, contre-révolutionnaire hautement prononcé, accusé et très violemment soupçonné d'avoir entretenu des correspondances et d'avoir fait passer de l'argent aux émigrés.

Signé : (signature effacée mais on peut lire Carrier).

Adresser le tout au citoyen Brugoux, juge de paix à Arpajon, près Aurillac, département du Cantal.

N° 2

ADRESSE DES HABITANTS D'AURILLAC A LA CONVENTION CONTRE CARRIER ET LES AUTRES TERRORISTES.

Citoyens représentants,

Ici, comme sur d'autres points de la République, une bande d'intrigants, d'oppresseurs et de fripons, ont voulu faire perdre au peuple le fruit du courage et de l'énergie que vous avez déployés dans la mémorable journée du 9 thermidor.

Ici, comme à Marseille, des hommes couverts d'opprobre ont conçu le détestable projet de faire rétrograder notre sublime Révolution, parce qu'elle flétrissait le crime, réhabilitait la vertu, vengeait l'humanité trop longtemps outragée par des bourreaux, et portait enfin un espoir consolateur dans le sein de la patrie désolée.

Nous vous le déclarons, citoyens représentants, ce n'est qu'aux menées perfides de quelques patriotes exclusifs qui redoutaient l'action de la justice, que l'on doit ces adresses liberticides, qui ont si justement excité votre animadversion, et que par cette raison vous envisagerez moins comme l'expression de la volonté et des sentiments des citoyens qui les ont souscrites, que comme une preuve de l'état d'oppression sous lequel nous tenaient les scélérats qui les ont dictées aux milieu de la terreur et de la consternation publique.

C'était peu pour eux d'avoir osé réduire en problème la suprématie de la Convention ; c'était peu d'avoir essayé de constituer le peuple en état de rébellion contre l'autorité nationale, ils ont voulu encore signaler les derniers instants de leur tyrannie expirante par un acte d'avilissement.

Ils ont forcé des citoyens timides ou trompés à voter une adresse en faveur d'un homme dont la moralité n'avait jamais été estimée, quoique sa conduite politique n'eût pas encore été mise en évidence ; en faveur d'un scélérat que réclame aujourd'hui de toute part la vengeance nationale, et dont le nom ne devrait désormais être prononcé qu'avec ce frémissement d'horreur qu'inspire l'image présente de tous les crimes et de tous les forfaits réunis. — Non, citoyens représentants, ce n'a été que dans un temps de terreur et d'ignorance que les complices de Carrier ont pu parvenir à nous le faire proclamer l'honneur d'un département qu'il méditait de couvrir de deuil, de larmes et de sang, au moment où le supplice des triumvirs l'a forcé de renoncer à ses sinistres projets.

Le peuple d'Aurillac, qui, le 6 brumaire, a renouvelé dans son sein la journée du 9 thermidor, s'est empressé de signaler son retour à la liberté par la destruction de tous les monuments de honte et de servitude; en conséquence il a arrêté, à l'unanimité, et par acclamation le rapport de l'adresse qu'on lui avait fait émettre en faveur de ce lieutenant de Robespierre, dont les mœurs atroces formaient le plus singulier contraste avec cette aménité, cette douceur et cette humanité qui a toujours caractérisé les habitants du Cantal, en général, et en particulier ceux de notre commune.

Puisse l'erreur qui a nécessité cette rétractation solennelle vous convaincre de plus en plus, citoyens représentants, que le système de terreur ne sert jamais qu'à flétrir les âmes les plus généreuses, qu'à détériorer tous les principes de la morale publique, en forçant des hommes libres, des républicains, à prostituer au crime heureux et puissant des hommages qui ne sont dus qu'à la vertu.

Pour nous, détachés pour toujours des hommes dont le patriotisme n'aura pas pour garant la moralité d'une conduite sans reproche, nous jurons de ne reconnaître d'autre point de ralliement que la Convention nationale, de prendre ses décrets pour règle de notre conduite, de combattre jusqu'au dernier soupir les aristocrates, les intrigants les terroristes et les fripons, voilà notre profession de foi, voilà les principes dont s'honorent les habitants d'Aurillac et qu'ils sont prêts à sceller de tout leur sang.

Vive la République, vive la Convention !

Fait et arrêté en séance populaire, le 8 brumaire, l'an III° de la République une et indivisible (1) 29 octobre 1794.

A la minute sont les signatures.

(1) *La Révolution du Cantal*, p. 85.

LETTRE DE MUSSET RENDANT COMPTE A LA CONVENTION DE SA MISSION DANS LE CANTAL.

Musset à la Convention nationale :

Le système affreux de Robespierre, chers collègues, affligeait le département du Cantal plus que toute autre partie de la République ; des scélérats y trafiquaient, de la manière la plus infâme, de la liberté, des biens et de la vie de tous les citoyens ; ils emprisonnaient ceux qui jouissaient d'une fortune légalement acquise, pour les en dépouiller, et se débarrassaient souvent de ces témoins de leurs concussions, en les renvoyant au Tribunal de sang ; ils faisaient aussi égorger de la même manière de pauvres sansculottes dont ils redoutaient la surveillance.

Par des adresses liberticides, ces scélérats avaient empêché l'heureuse Révolution du 9 thermidor de déchirer le crêpe qui couvrait ce département. Ce n'est que trois mois après cette glorieuse époque, que les rayons de la justice, qui triomphe dans toute la France, ont dissipé la terreur et l'effroi et rendu aux patriotes leur énergie.

En ma présence, les citoyens d'Aurillac ont démasqué et confondu les hommes de sang et les fripons qui les oppressaient ; ils se sont empressés de désavouer les adresses que ces hommes perfides avaient faites en leur nom et leur avaient fait signer en les menaçant de la réclusion ; ils m'ont prouvé que, comme partout ailleurs, le peuple aime la justice et ne reconnaît pour centre unique et seul point de ralliement que la Convention nationale.

Incessamment, ils vous feront parvenir l'expression de leurs véritables sentiments. Aidé des bons citoyens, j'ai pris des mesures pour que les coupables subissent la peine que leur ont méritée leurs forfaits, et pour empêcher qu'à l'avenir de semblables atrocités ne s'y commettent, j'ai composé les autorités constituées de patriotes fermes et énergiques qui ne souffriront jamais qu'il soit porté atteinte aux droits du peuple.

Maintenant que ce département est rendu à la liberté, je vais me rendre dans la Corrèze, où je poursuivrai avec le même zèle les malveillants de toute espèce ; j'espère, en y développant les principes de la Convention nationale, y assurer le triomphe de la République.

Salut et fraternité.

Le représentant du peuple,

J.-M. MUSSET. (1)

(1) *La Révolution du Cantal,* p. 88.

N° 4.

ADRESSES D'AURILLAC ET DE CLERMONT REMERCIANT LA CONVENTION DE LEUR AVOIR ENVOYÉ MUSSET.

I. — ADRESSE D'AURILLAC

Citoyens représentants,

Des êtres immoraux et pervers qui regardaient les places et l'autorité comme leur patrimoine ; des patriotes exclusifs, qui trafiquaient scandaleusement de la fortune, de la liberté, de la vie des citoyens ; des hommes, en un mot, tels que vous les avez dépeints dans votre adresse au peuple français, exerçaient sur nous la tyrannie que Robespierre et ses lieutenants faisaient peser sur toute la France.

Après la chute des triumvirs, ces mêmes hommes, voyant arriver le terme et la peine de leurs crimes, ont tout fait pour prolonger le règne de la Terreur, avilir la Convention, élever, à côté d'elle une autorité rivale de la représentation nationale.

Le 6 brumaire a été le 9 thermidor du Cantal ; le peuple, reprenant son énergie, a vu tomber le masque hypocrite qui couvrait ses ennemis ; l'imposture et la corruption ont paru dans toute leur difformité ; un cri unanime : Vive la Convention nationale ! a déconcerté les intrigants, abattu les terroristes, confondu les fripons.

Envoyé par vous dans le Cantal, le représentant du peuple, Musset, a vu et partagé nos travaux révolutionnaires. Homme de bien sans ostentation, patriote juste et ferme, représentant digne du peuple et de vous, il nous a consolés de nos maux en nous développant les vrais principes ; en vivant fraternellement au milieu de nous ; en rendant à tous une justice impartiale ; en nous donnant des magistrats purs et amis sincères de la révolution ; en nous faisant espérer que bientôt la justice nationale vengera la vertu, le patriotisme et l'humanité outragés par nos dominateurs.

Citoyens représentants, votre collègue a fait son devoir. Il emporte nos regrets pour lui, nos bénédictions pour vous ; ainsi s'acquittent des hommes libres.

Continuez, législateurs ; faites accomplir dans tous les départements la révolution du 9 thermidor, affermissez la République sur la justice et la vertu. Que vous importent quelques clameurs? Tous les vrais républicains sont pour vous.

Le gouvernement révolutionnaire jusqu'à la paix ; haine à l'aristocratie, au fanatisme, à la terreur, au coquinisme ; la République une et indivisible ; la liberté, l'égalité ; voilà nos serments ; les hommes libres ne jurent pas en vain.

Vive le peuple ! Vive la Convention nationale ! Vive la République !

Aurillac, le 18 brumaire, l'an IIIe de la République française une et indivisible.
(8 novembre 1794).

A la minute sont les signatures (1).

II. — ADRESSE DE CLERMONT

Les citoyens de la commune de Clermont-Ferrand à la Convention nationale

Citoyens représentants,

Le département du Puy-de-Dôme était subjugué par les dominateurs, par les déprédateurs, par les faux patriotes de tous les masques. Le représentant du peuple, Musset, paraît, précédé de l'égalité, de la justice et des mœurs. La liberté, enchaînée par la terreur, brise ses liens et s'élance dans leurs bras ; nous voilà libres !

(1) *La Révolution du Cantal*, page 87.

« Guerre aux terroristes, aux intrigants et aux fripons! s'est écrié Musset. Peuple, reprends une attitude digne de toi! qu'elle soit grande! exerce en ce jour tes droits imprescriptibles et inaliénables. »

Le peuple, par un élan sublime, répète « Guerre aux terroristes, aux intrigants, aux « fripons! »

Aussitôt la justice saisit sa balance, pèse les autorités constituées, les tribunaux, tous les fonctionnaires publics: « Prononce sur ces « hommes, dit-elle au peuple; ils sont les voiles « du vaisseau de la République... Reçoivent-ils « leur mouvement de la Convention nationale?»

Le peuple répond, les agitateurs se taisent, fuient ou se cachent; les autorités constituées s'épurent; de vrais républicains, des hommes vertueux, de sincères amis du peuple et de l'unité de la République occupent tous les postes. La terreur disparaît, les victimes sont rendues à la liberté; l'ami retrouve son ami; les citoyens des frères; les familles réunies confondent leurs embrassements; la joie renaît, des acclamations universelles se font entendre. Vive la République! Vive la Convention! (On applaudit).

(Suivent dix pages de signatures). (1)

(1) Moniteur universel, tome 22, page 530.

TABLE DES MATIÈRES

	Pages
Chapitre I. — Les Terroristes dans le Cantal. — Anarchie dans les administrations. — Le Comité de Salut public. — Les représentants en mission............	5
Chapitre II. — Comité révolutionnaire du Cantal. — Ses victimes.............	17
Chapitre III. — Concussions exercées par le Comité révolutionnaire. — Le coquinisme. — Recettes et dépenses......	36
Chapitre IV. — Agissements du Comité révolutionnaire dans les districts de Murat et de Saint-Flour. — Liste des suspects. — Les exploits de Châteauneuf-Randon à Saint-Flour................	60
Chapitre V. — Destruction de tout culte. — Arrêté de Bô. — Discours de Salsac. — Adresse à la Convention de la Société populaire de Mauriac. — Fête de la Raison à Aurillac. — Adresse des administrateurs de Mauriac aux paysans...	73

	Pages
CHAPITRE VI. — Victimes de la Révolution dans le Cantal en 1793 et 1794. — Filhol. — Delbès. — Basset. — Veuve Fournier. — Du Theil. — Roques. — Guéry. — Put. — Mignard. — Darçon. — Offroy. — Valentin. — Tournier. — Bouis. — Vaissier....................	87
CHAPITRE VII. — Réveil de l'opinion publique contre le Comité révolutionnaire. — Lutte entre les modérés et les terroristes. — Diverses arrestations et divers jugements. — Madame de Nastrac. — Condamnation de Boudier à 20 ans de fers................................	100
CHAPITRE VIII. — Le grand complot. — Liste des 160 proscrits. — La Commission révolutionnaire du Cantal. — Ses exploits. — Envoi des prisonniers à Paris. — Le 9 thermidor................	115
CHAPITRE IX. — Le Puy-de-Dôme et le Cantal après le 9 thermidor. — Diverses adresses. — Guerre aux terroristes dans le Puy-de-Dôme. — Continuation de la Terreur dans le Cantal. — Musset y met fin.	132

CHAPITRE X. — Divers arrêtés de Musset contre les prêtres et les religieuses du

Puy-de-Dôme et du Cantal. — Décret sur les subsistances. — Disette. — Lettre de Musset à la Convention. — Adresses de remerciement des habitants d'Aurillac et de Clermont. — Départ de Musset. — Rapport de Musset à la Convention 149

Chapitre XI. — Le Cantal après le passage de Musset. — Lutte entre les thermidoriens et les jacobins à Mauriac, à Aurillac. — Mort de Carrier, de Romme et de Soubrany. — Les démagogues Lac et Fau. — Amnistie des terroristes du Cantal............................. 161

Chapitre XII. — Année 1795. — Décrets sur la liberté des cultes. — Mouvements religieux dans le Puy-de-Dôme et le Cantal. — Fin de la Convention...... 178

Pièces justificatives. — N° 1. — Liste des gens suspects, contre-révolutionnaires et conspirateurs du district d'Aurillac (département du Cantal)............... 192

Supplément à la liste des contre-révolutionnaires du Cantal................. 223

N° 2. — Adresse des habitants d'Aurillac à la Convention contre Carrier et les autres terroristes........................ 227

Pages

N° 3. — Lettre de Musset rendant compte à la Convention de sa mission dans le Cantal.................. 231

N° 4. — Adresses d'Aurillac et de Clermont remerciant la Convention de leur avoir envoyé Musset.............. 234

www.ingramcontent.com/pod-product-compliance
Lightning Source LLC
Chambersburg PA
CBHW060126170426
43198CB00010B/1047